事例でわかる 伝聞法則

第2版

工藤 昇 Noboru Kudo
編著

飯田信也 Shinya Iida
近藤俊之 Toshiyuki Kondo
鈴木大樹 Hiroki Suzuki
成田信生 Nobuo Narita
渡部俊太 Shunta Watanabe
著

弘文堂

第２版　はしがき

本書の初版を発行してから、ほぼ４年が経った。初版は読者諸氏から高く評価されており、編著者らとして、幸甚の極みである。

第２版では、初版刊行後、新たに出題された司法試験の過去問のうち、伝聞法則が関係するものについて、解答例を補充したほか、細部の見直しを行った。

司法試験のここ数年の傾向として、伝聞法則関連の出題が減っているようであるが、刑事訴訟法の大論点として、伝聞法則の重要性には変わりはない。なにより、将来、実務家として活躍する上で、伝聞法則を正しく理解しておくことは不可欠である。本書を活用し、勉強に励んでいただきたい。

2023年４月

編著者　工藤　昇

第211回国会（常会）において、「刑法及び刑事訴訟法の一部を改正する法律案」が提出されている。同法律案において、伝聞法則との関係で、321条の３（被害者等の聴取結果を記録した録音・録画記録媒体に係る証拠能力の特則）の規定が新設され、これに伴い323条の文言が一部修正される見込みである。

司法試験受験生におかれては、同法律案が成立した場合には、施行の時期を踏まえて、出題範囲に留意されたい。

はしがき

本書は、将来司法試験の合格を目指す法学部生や法科大学院生を主な対象として、刑事訴訟法の主要な論点の１つである伝聞法則について、多くの事例問題に当たることにより、総合的な理解を確立してもらうことを目的としている。

実務経験のない学習者にとって、伝聞法則は、実に取っつきにくく、理解の困難な分野であろう。実務家として法廷に立ち、その事件において自分が何を立証すれば勝てるのかを想定しながら証拠を選別しこれを提出する、あるいは、相手が提出してきた証拠がいかなる事実の立証を目指しているのかを吟味しながらその証拠能力を争うといった経験を重ねていけば、伝聞法則はさほど難しいものではないことが分かってくる。しかし、そうした経験を持ち得ない学習者にとっては、伝聞法則は、雲を掴むような、実に抽象的ですっきりしないものにならざるを得ないように思う。他方で、ここ数年の司法試験では伝聞法則が繰り返し問われており、明らかに頻出分野の１つとなっている。これは、他の論点に比べ、伝聞法則の問題に答えさせることが、学習者が刑事裁判を構造的に理解しているかどうかを判別するのに最適だと考えられているためであろう。伝聞法則が理解できないと、司法試験の合格はおぼつかないというのが現状だ。

私は、平成 27 年から、横浜国立大学法科大学院において刑事系の実務家教員として学生の指導に当たってきたが、やはり多くの学生がつまづいてしまうのがこの伝聞法則の分野であった。初学者にとって、伝聞法則は、理解をするのに相当高い壁があることが明らかだった。改めて基本書を見てみても、実際の裁判で具体的にどういう供述が伝聞になり、あるいは非伝聞になるのかといった具体的なことは今ひとつよくわからない。学生にこの壁を越えてもらうには、とにかく擬似的にでも法廷における実務経験をしてもらうしかない。そう考えた結果、実務演習科目の授業において、「伝聞ノック」と称し、伝聞法則に関わる短い問題群を多数出題してみた。伝聞ノックは実際の裁判を意識しており、その裁判で何が争点となっているか、検察官はどういう意図でその証拠を提出しようとしているか、弁護人としてはいかなる事実の立証を阻害するために証拠能力を争っているのか、といった状況がわかるように配意した。結果は良好で、多くの学生から好評をいただき、実際、伝聞ノックを解いた後の起案が目に見えて向上する学生も多かった。

本書はこの伝聞ノックを下敷きにして、神奈川県弁護士会・法科大学院支援委員会の実務家教員バックアップ部会に属する弁護士が共同して書き上げた。もともとの目的を維持して、理論的な解説は最低限にとどめる一方、実務感覚を擬似的に体験できるよう、事例問題を中心に極力具体的な記述を心がけた。いわゆる論点を含まない事例も多く検討している。読者諸氏におかれては、自らが実際に法廷で事件に対峙しているつもりで問題に当たっていただきたいと思う。

本書の構成は次のようである。

「**第1　伝聞法則総論**」では、伝聞法則の趣旨や非伝聞（言語の非供述的用法）、供述当時の内心供述について論じた上で、実際の事案においてこれらがどのように割り振られていくのかを体感する。伝聞例外は総論と各論に分け、「**第2　伝聞例外総論**」では、伝聞例外を分類してその体系を概観する。「**第3　伝聞例外各論**」では、個々の伝聞例外条項について、各条文ごとに説明し、実際の事例をもとにした演習を行う。「**第4　応用編**」では、伝聞証拠、非伝聞や伝聞例外の各条項にまたがるような応用的な問題を掲げた。最後に、「**第5　司法試験過去問編**」では、過去の司法試験で出題された問題のうち、伝聞法則が関わるものについて、解答例を掲載した。執筆者で分担して解答例を作成したが、形式面以外では、解答例のスタイルはあえて統一しなかった。解答例はあくまでも例にすぎず、様々なスタイルの解答例に接し、自分のスタイルにあった解答例の確立に努めてほしい。

本書の刊行にあたり、執筆者の先生方には多くの無理をお願いした。執筆者は皆第一線で闘う中堅、若手の弁護士であり、超多忙の中、執筆に加え、頻繁に編集会議に参加していただき、編者の無理なお願いにも快く応じていただいた。この場を借りてお礼申し上げたい。

また、伝聞ノックのヒントをいただいた横浜国立大学の齋野彦弥教授、同法科大学院の同僚実務家教員として検察実務のご教示をいただいた相原健一検事、そして、私の拙い授業に辛抱強くつきあってくれ、本書の内容にも数々の示唆を提供してくれた横浜国立大学法科大学院の学生諸君に感謝申し上げる。

最後に、本書出版の機会を与えていただいた弘文堂、とりわけ、本書の構想段階からご助言、ご尽力をいただいた北川陽子氏に心から謝意を申し上げる次第である。

2019年5月

編著者　工藤　昇

略語表記表（参考文献・事例内の登場人物）

【略語表記】

<個人・共編著>

川出　川出敏裕著・判例講座刑事訴訟法［捜査・証拠編］［第2版］（立花書房・2021）
講義案　裁判所職員総合研修所監修・刑事訴訟法講義案［4訂補訂版］（司法協会・2015）
酒巻　酒巻匡著・刑事訴訟法［第2版］（有斐閣・2020）
田宮　田宮裕著・刑事訴訟法［新版］（有斐閣・1996）
古江　古江頼隆著・事例演習刑事訴訟法［第3版］（有斐閣・2021）

<注釈書・判例解説等>

条解　松尾浩也監修・条解刑事訴訟法［第5版］（弘文堂・2022）
争点　井上正仁=酒巻匡編著・刑事訴訟法の争点（有斐閣・2013）
事例研究　井田良=田口守一=植村立郎=河村博編著・事例研究刑事法Ⅱ刑事訴訟法［第2版］（日本評論社・2015）

【事例内の登場人物略語記号一覧】

A／被疑者・被告人
V／被害者
W／目撃者（証人）
B・C／共犯者
J／裁判官
P／検察官
K／警察官
L／弁護士
D／医師
M／整備工
S／事務員
F・G・H／知人等

目 次

第3 伝聞例外各論 ―― 28

第4 応用編 ―― 85

第1　伝聞法則総論

本章では、伝聞法則の趣旨、非伝聞（言語の非供述的用法、伝聞法則不適用）、供述過程の一部欠落について、簡単に一般論を述べた上で、具体的な事例を通じて、伝聞・非伝聞の振り分けを見ていくことにする。

本書の性質上、具体的な事例を中心に説明していくことにする。伝聞法則の理論的説明などを詳しく理解したい方は、学者の基本書等をひもといてほしい。

第320条　第321条乃至第328条に規定する場合を除いては、公判期日における供述に代えて書面を証拠とし、又は公判期日外における他の者の供述を内容とする供述を証拠とすることはできない。

2　第291条の2の決定があつた事件の証拠については、前項の規定は、これを適用しない。但し、検察官、被告人又は弁護人が証拠とすることに異議を述べたものについては、この限りでない。

1．伝聞法則の趣旨

(1)　証拠による事実証明の構造

伝聞法則[1)]は、証拠能力に関わる証拠法則の１つである。これを理解する前提として、まず、裁判において証拠というものがどのような役割を果たしているのかを確認しておこう。

裁判官は、検察官が存在したと主張する過去の出来事について、それが本当に存在したのかどうか、判断をしなければならない。事件の当事者や目撃者ならともかく、赤の他人である裁判官が、全く自分とは関わりのない世界で起こった過去の出来事について、何らかの方法で、そうした出来事が本当にあったのかどうか、判断しなければならないのである。

1)　伝聞法則とは、伝聞証拠は原則として証拠になり得ないという法則をいう。

このときに裁判官の判断を基礎づけるものが、証拠[2]である。裁判官は、何らかの形で過去の出来事の痕跡を残す証拠を見聞きし、自然法則や経験則（経験法則）を使ってこの痕跡から過去の出来事が本当にあったのかどうか、推測をしていくことになる。たとえば、死体の側に血糊の付いたナイフが落ちていて、死体にはちょうどナイフが刺さったような傷口が開いている。ナイフからは、被告人の指紋が検出されている。このような場合、裁判官は、ナイフ、刺創、指紋という証拠を見て、「ナイフは、被告人が過去に握っていたことのあるものだろう→死体は、このナイフで刺突されたことによって死亡したものだろう→被告人が殺人の実行行為者であろう」という推認を重ねていくのである（**イラスト①**）。

イラスト①（証拠物による事実の推認）

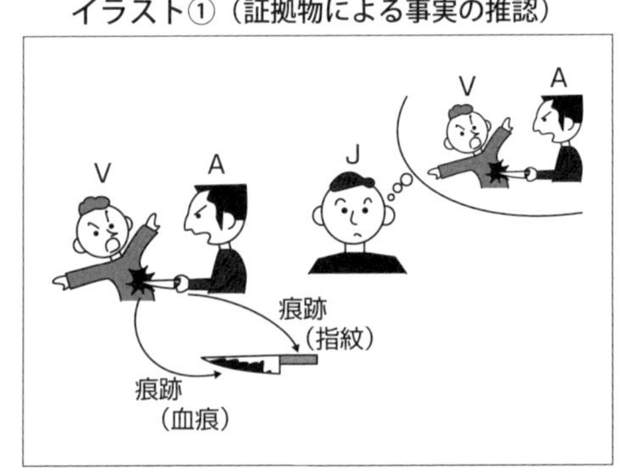

(2) 供述証拠による証明の構造

この理屈は、供述証拠[3]、つまり、人の話を証拠とする場合でも、変わりはない。裁判官は、過去の出来事を何らかの形で体験（知覚）したという人から話を聞き、その話を過去の出来事の「痕跡」の１つとして取り調べ、過去の出来事が本当にあったのかどうかを推測していくのである。犯罪など、過去の出来事を見聞きした人が、本当に見聞きしたとおり、寸分違わず、その出来事を再現して表現してくれるのであれば、出来事の「痕跡」をたどる手段として、これほどわかりやすく、確実な証拠はないはずだ（次頁の**イラスト②**）。

ところが、困ったことに、人の話というのは、これほど信用ならないものもな

---

2) 証拠とは、事実認定の資料すなわち、証明の手段をいう。証拠資料ともよばれる。たとえば、証人の証言、書証の記載、証拠物の形状をいう。

3) 供述証拠とは、言葉によって表現された思想（供述）を証拠として用いる場合をいう。一般に、供述証拠は、知覚・記憶・表現・叙述という４過程を経るものと分析されている（表現と叙述は密接に関連しているものとして１つにまとめて「叙述」とする立場もある（田宮369頁））。

イラスト②（供述証拠による事実の推認）

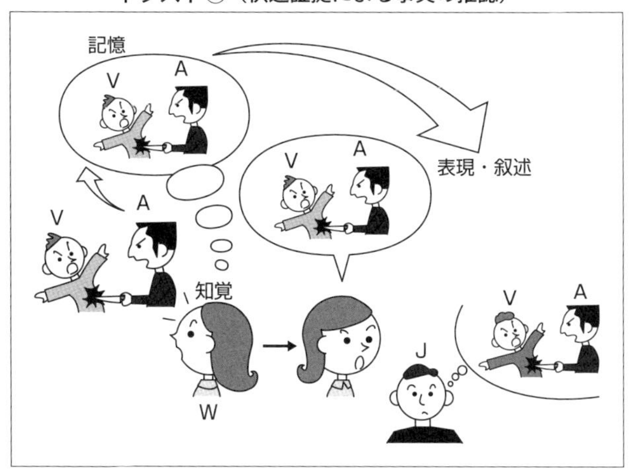

い。悪意をもってわざわざ嘘を言う人もいるだろう。思い込みから、真実とはかけ離れたことを言う人がいるかもしれない。そうでなくても、見間違い、聞き間違い、記憶違い、言い間違い、書き間違いと、人の話には、間違いを生じる要素が満載されている。物的証拠が、自然法則や経験則などを駆使しなければ結論を導くことが難しいのに対し、供述証拠は、上記のように、「過去の出来事はこうだった」という話として出てくるもので、とてもわかりやすく、信用されやすい。それだけに、供述証拠に間違いがあると、大変なことになる。簡単に、冤罪を作り出してしまうのである。

(3) 公判供述による証明

他方で、人の話は一切証拠にすることができないとなると、実際には裁判などできはしない。事件の当事者や目撃者などから話を聞かなければ、どうしても過去の出来事がわからないということもある。

そこで、どうしても人の話を証拠にしたいときは、尋問という形をとる。言いっ放しだと、知覚・記憶・表現・叙述の各過程で生じ得る間違いがそのままの形で証拠になりかねないが、公開の法廷で、「嘘をついたら処罰されますよ」という警告が与えられ、裁判官から一挙手一投足をじっと見つめられながら、反対当事者側からの厳しい反対尋問にさらされ、そういうテストを経た供述であれば、裁判に使ってもそう間違いは生じないだろう（次頁の**イラスト③**）。

イラスト③（供述証拠の構造）

(4) 伝聞証拠のリスク

逆に、そうしたテストを経ていない供述や、そもそもテストのしようのない書面などは、どこに間違いが潜むかわからない。このため、法は、こういう間違いを起こしやすい証拠は、過去の出来事をたどる証拠として使うことを許さない。これが伝聞法則といわれるものである（320条1項）。

このように、「公判期日における供述に代［わる］書面」や「公判期日外における他の者の供述を内容とする供述」は、本来、論理的、物理的に、裁判の証拠にできないという性質のものではない。「人の話は間違える可能性があって、そんなものを信用してしまうと大変な間違いを犯しかねない。だから、裁判官は、本当に信じられるかどうかを調べるまでもなく、そういう証拠は見ないようにしよう」ということにしたのが、伝聞法則なのである。

(5) 伝聞法則の趣旨の論述例

伝聞法則の趣旨は、端的に、自身の言葉で説明ができるようにしておかなければならない。以下はその一例である。

人が見聞きした事実を立証するために、その人の供述を証拠として用いる場合、かかる供述は、知覚・記憶・表現・叙述の各過程において過誤を生じやすく、公判廷において反対尋問（憲法37条2項前段参照）のテストを経てその真偽を吟味する必要がある。しかし、伝聞証拠は、かかる吟味の機会がなく、裁判所において事実を誤認する類型的危険があることから、法律的関連性[4]がないものとして、証拠能力が否定される。

2．非伝聞[5]（言語の非供述的用法、伝聞法則不適用）

(1) 非伝聞の意義

上記のとおり、人の話から、話の中身となっている過去の出来事があったのかどうかを認定しようとする場合、これは伝聞法則の適用を免れない。人が書いた書面から、書かれた内容どおりの出来事があったかどうかを認定しようとする場合も同様である。

ところが、人が何かを話したという出来事自体、また、人が何かを書いたという出来事自体を証明しなければならないという場合がある。そういう場合には、話の内容となっている出来事が本当にあったのかどうかは問題にならず、これを反対尋問等でチェックするということに意味はない。こういう場合、「非伝聞」とか「伝聞法則不適用」、「言語の非供述的用法」として、伝聞法則の適用はない。

具体例で考えてみよう。

被告人Aは、被害者Vを脅かし、Vから金員を巻き上げたとして、恐喝罪で起訴されている。ところが、裁判で、Aは、「Vを脅かしたことなどない」と言って、脅迫の事実を争っている。検察官は、AがVに送りつけた書面の証拠調べ請求をした。この書面には、『金を払え、払わないなら、命はないぞ』という記載がある。

この場合のAの書面は、「供述に代［わる］書面」（320条1項）として、一見すると伝聞法則の適用を受け、証拠能力が認められないようにも見える。しかし、この場合には、書面の内容、すなわち、「VがAに金を払わなければならないのか」とか「Vが金を払わなければ殺されてしまうのか」ということが事実かどうかを問題としても全く意味がない。要はAが本当にこういう言葉（脅迫文言）を書いたのかどうかという事実だけが問題となるのであって、このような書面や供

---

4) 関連性には、要証事実に対して必要最小限度の証明力を有していることをいう自然的関連性と、ある程度の証明力があるように見えるが、誤った心証を形成されるおそれが強い場合にそれが否定される法律的関連性の2つがあるとされる。伝聞法則は、後者の法律的関連性の問題と位置づけられている。

5) このように、320条1項により証拠とすることができない供述証拠に一見当たるように見えるが、実は、伝聞証拠でない場合を、伝聞法則の不適用（事例研究608頁）とか、言語の非供述的用法などという。非伝聞の証拠であれば、伝聞法則は問題とならず、その証拠は自然的関連性が認められる限り証拠能力をもつことになる。

述は、「非伝聞」あるいは「言語の非供述的用法」として、供述証拠ではあるが伝聞証拠ではない、つまり伝聞法則の適用を受けないものとされている。

(2) 形式説による伝聞証拠の定義

このように、供述や書面の内容から、話した人が見聞きした過去の出来事の存在を立証しようというのではなく、そういう供述がされた、そういう書面が書かれたということ自体を立証する場合には、伝聞法則の適用はない。

したがって、「伝聞証拠」を定義づけようとすると、単に条文の文言を引っ張って「公判期日における供述に代［わる］書面」または「公判期日外における他の者の供述を内容とする供述」(320条1項）というだけでは足りず、これに、「その原供述の内容である事実の証明に用いられる証拠をいう」という説明が必要となる（形式説[6]）。

すなわち、伝聞証拠とは、「公判期日における供述に代［わる］書面」または「公判期日外における他の者の供述を内容とする供述」(320条1項）であって、その原供述の内容である事実の証明に用いられる証拠をいう。

(3) 要証事実による振り分け

そして、厄介なことに、ある供述が内容どおりの出来事があったという証拠なのか、それとも供述そのものがなされたことの証拠なのか、その供述だけを見聞きしてもわからない。要証事実が何かによって、結論が変わってくるのである。

要証事実は、「当該証拠により立証されるべき事実」と説明される。だが、法廷経験のない初学者には、何のことだかわからないかもしれない。

証拠物を考えると少しわかりやすいかもしれないが、証拠というものは、様々な事実を推認させる。血糊の付いた刃物の例で考えてみよう。刺身包丁なら、これを持っていた人は料理人かもしれない。持ち手の形状から、持ち主が右利きか、左利きかがわかるかもしれない。血が人血なら、殺人の犯行に供用された物かもしれない。ダガーナイフのような殺傷性の強い刃物であれば、持ち主は強い殺意を持っていたことが推測できるだろう。様々な事実を推認させる証拠が法廷に出されたとき、「この裁判では、この証拠は、この事実を推認させるが故に法廷に提

---

6) これに対して、裁判所の面前での反対尋問を経ない供述証拠を伝聞証拠とする見解もある（実質説）。両説の違いは、証人が検察官の主尋問に対しては答えたが、次回期日の反対尋問の前に死亡して反対尋問ができなくなった事例で生じる。形式説では、公判期日における供述であるから伝聞証拠に当たらないのに対し、実質説では、裁判所の面前での反対尋問を経ていないので、伝聞証拠に当たることになる。

出されている」という「この事実」こそが要証事実[7]である。

たとえば、殺人被告事件で、被告人は、被害者を刺したことは認めているが、殺意を否認しているというときに、検察官が敢えてダガーナイフを証拠調べ請求したとしよう。検察官は、凶器が殺傷能力の高いダガーナイフであって、被告人が刺突当時殺意を持っていたことを裏付けたい。立証趣旨[8]（規則189条参照）も、「被告人に殺意があったこと」とされている。この場合、要証事実は、犯行に供されたナイフが殺傷性の高いダガーナイフであって、被告人に殺意があったこと、ということになる。

他方、同じ殺人被告事件でも、被告人が犯人との結びつき（以下「犯人性」という）を争い、自分は被害者を刺したことなどないと言っているケースではどうだろう。検察官は、ダガーナイフを証拠調べ請求したが、これは、そのダガーナイフを犯行前に被告人が購入した記録があり（これは別の証拠から立証されていることが前提）、そこから、被告人の犯人性を裏付ける証拠として提出されたものだとする。この場合の要証事実は、犯行に供されたナイフが被告人の所有物であることであって、被告人の犯人性、ということになる。

このように、同じような証拠であっても、当該裁判で何が争われているのか、他にどのような証拠があって立証済みなのか、といった事情がわからないと、問題の証拠がどういう事実の立証に向けられているのか、つまり要証事実が何なのかはわからないのである。

このことを供述証拠について考えてみよう。

Aの殺人被告事件で、目撃者Wが「AはVを殺害した」と記載した書面が証拠調べ請求された場合、これは、この書面に記載されたAがVを殺害したという過去の出来事が存在したことを立証しようとするものであり、要証事実は「AがVを殺害したこと」に他ならない。上記書面は伝聞証拠である。他方、Wが

7） なお、証拠を提出する者は、ただ「これを見てください」と言って提出をするのではない。かならず、「証拠と証明すべき事実との関係」すなわち「立証趣旨」を「具体的に明示」しなければならない（規則189条1項）。つまり、立証趣旨は、「この裁判では、この証拠は、こういう事実を推認してもらうために提出します」ということを明らかにするものであって、通常は要証事実と同一である。もっとも、立証趣旨は裁判所を拘束するものではない。裁判所は自らの判断で証拠の要証事実を特定し、証拠が伝聞証拠か非伝聞証拠かを認定していくことになる。

実務では、立証趣旨は、証拠等関係カードのごく狭い欄に簡潔に記載しなければならず、詳細な記載はしようがないので、どうしても「犯行再現状況」というように抽象的な記載になりがちである。立証趣旨の記載が多義的であったり、立証上意味がないような記載であったりするようなときは、裁判所は、実質的に要証事実が何なのか、自ら判断していくことになる（最決平成17年9月27日刑集59巻7号753頁参照）。

8） 証拠調べの請求は、証拠と証明すべき事実との関係を具体的に明示して、これをしなければならない（規則189条1項）。この証拠と証明すべき事実との関係を、立証趣旨という。

「Aが人を殺した」と触れ回り、Aの名誉を毀損したというWの名誉毀損被告事件で、Wが「AはVを殺害した」と記載した書面が証拠調べ請求された場合、これは、こういう内容の書面をWが作成したこと自体、つまり、Wの名誉毀損行為を立証しようとするものであり、要証事実は「WがAの名誉を毀損する書面を作成したこと」となり、これは伝聞証拠ではないということになる。

このように、一見すると全く同じ内容の書面、供述であっても、要証事実は異なる場合があり、それによって伝聞証拠かそうでないかも変わってくるのである。

この点が、法廷経験のない学習者を悩ませる所以であり、他方で、実務感覚を占う上で格好の題材として、司法試験でも繰り返し伝聞法則が問われる理由の1つになっているように思われる。

(4) 非伝聞（言語の非供述的用法）の論述例

> この書面は「公判期日における供述に代［わる］書面」として、証拠能力が認められないのではないか（320条1項）。
>
> いわゆる伝聞証拠について原則として証拠能力が否定される（320条1項）のは、人の供述は、知覚・記憶・表現・叙述の各段階において誤りを生じやすく、公判廷において反対尋問等のテストを経ない限り、事実を見誤る類型的な危険があるからである。
>
> そうすると、人の供述を証拠とする場合であっても、供述の内容とされる事実が真実であることを立証しようとするのではなく、当該供述がなされたこと自体を立証する場合には、上記の類型的危険はなく、伝聞法則を適用する必要はない。
>
> このような場合には、いわゆる「非伝聞（言語の非供述的用法）」として、320条1項にかかわらず、証拠能力を認める余地がある。

3. 供述過程の一部欠落

(1) 供述過程の一部欠落（供述時の内心の供述）とは

供述証拠の中には、その供述がなされた当時、供述をした本人がどういう内心の状態（精神状態）であったかを証明するために用いられるものがある。

たとえば、強制性交等致死罪（刑法181条2項）に問われた被告人が、「あれは暴行を用いた性交ではない、合意の上の性交だった」との弁解をしているという事件で、検察官が被害女性Vの知人Wを証人とし、W証人が「生前、Vは、被告人Ａのことを『大嫌い』と言っていました」と述べたとしよう。

この場合、検察官は、Ｗが聞いたＶの「大嫌い」という供述（原供述）から、ＶとＡとの性交が合意に基づくものではあり得ないことを立証しようとしている。「嫌い」という供述から本当に嫌いだった、という事実を証明しようというのだから、まさに供述内容の真実性が問題となる場面であって、言語の非供述適用法には当てはまらない。本来は伝聞証拠となるはずのものであり、現に、こういう供述も伝聞証拠として扱うべきだという立場もある。

しかし、判例[9]・通説は、こうした供述がなされた当時の供述者の内心の状態を証明する場合は、これは伝聞証拠ではないとしている（**イラスト④**）。

先に述べたように、伝聞証拠について原則として証拠能力が否定される（320条１項）のは、人の供述は、知覚・記憶・表現・叙述の各段階において誤りを生じやすく、公判廷において反対尋問等のテストを経ない限り、事実を見誤る類型的な危険があるからである。しかし、内心供述（精神状態の供述）について見ると、知覚・記憶の過程というのはなく、供述者が心の中で思いついたことが表現・叙述されているに過ぎない。人の話が間違いやすいのは、見間違い、聞き間違い、記憶違いといったものが多く、知覚、記憶の過程を欠く内心供述は、事実を見誤る類型的危険は低いということができる。表現・叙述に誤りがないかどうかは、内

イラスト④（供述時の内心供述）

9）大阪高判昭和57年３月16日判時1046号146頁。

心供述が記載された書面の状況を吟味したり[10]、公判廷で、内心供述を聞いた人からその場の状況を詳しく聞いたりすることで、チェックすることができる。

他方で、人が過去に何を思っていたのか、というような事実は、その人が過去のその時点でどういう発言をしていたのか、を調べるのが最良の証拠ということもいえるだろう。

こういう見地から、判例・通説は、供述当時の供述者の内心の状態を示す供述は、伝聞証拠には当たらないと解しているのである。

注意しなければならないのは、この理屈が通用するのは、あくまでも「供述当時の」内心を証明する場合に限られるということである。過去を振り返って「あのときは、こう思っていた」という供述は、少なくとも記憶の過程は欠落しておらず、判例・通説の立場によっても、原則どおり、伝聞証拠として扱われる。

(2) とっさになされた発言（自然反応的供述[11]）

なお、供述過程の一部欠落によって非伝聞とされる例として、「とっさになされた発言」という類型が考えられる。

殺人の現場を目撃した人が、「被害者は、殺されるとき、犯人の顔を見て『A、おまえか！』と叫んでいました」という証言をしたとしよう。被害者（原供述者）が犯人としてAを名指ししたという事案であり、この発言を基にAの犯人性を立証しようという場面である。

このような発言は、ほとんど記憶の過程を経ずに、知覚から直ちに表現・叙述がなされるために、記憶違いや虚言の可能性は少ないなどとして、伝聞法則の適用がないとされる[12]。

(3) 供述過程の一部欠落の論述例

この書面は「公判期日における供述に代［わる］書面」（320条1項）として、証拠能力が認められないのではないか。

いわゆる伝聞証拠について原則として証拠能力が否定される（320条1項）のは、人の供述は、知覚・記憶・表現・叙述の各段階において誤りを生じやすく、公判廷において反対尋問等のテストを経ない限り、事実を見誤る類型

---

10) 外形や表現方法、発見された状況などから、事件に関して真摯に作成されたものなのかどうかを判断する。

11) 川出414頁。

12) このような発言は、そもそも「供述」ではないと説明されることもある。

的な危険があるからである。

しかし、本件書面は、作成当時の作成者（原供述者）の内心の状態を叙述したものであって、上記過程のうち、特に誤りを生じやすい知覚・記憶の過程を欠くのであるから、その作成が真摯になされたことが証明されれば、必ずしも原供述者を証人として尋問し、反対尋問等によりその信用性をテストする必要はない。むしろ、人の心の状態は外部から観察することはできず、当時の当人の発言や表現こそが最良証拠ということもできる。

よって、このような場合には、いわゆる「現在の内心供述」として、320条1項にかかわらず、証拠能力を認める余地がある。

4．事例検討

証拠が伝聞証拠なのか、非伝聞（言語の非供述的用法）なのか、はたまた供述時の内心供述なのか、そもそも要証事実は何なのか、この辺りは実際に検察官や弁護人として法廷に立ち、証拠を提出してみれば、すぐに肌でわかるようになる。しかし、学習者がこの感覚を身につけようとすれば、繰り返し事例問題に当たって場馴れするしかない。以下には、具体的事例を基にして、要証事実の有り様と、伝聞・非伝聞の振り分けを見ていこう。

非伝聞は、大きく、供述の存在自体が要証事実となる場合と、供述の存在自体を状況証拠として他の事実の推認に供する場合とに分けられることが多い。以下、まずはこの分類に沿って解説する。

(1)　供述の存在自体が要証事実となる場合

(2)　供述の存在自体を状況証拠として他の事実の推認に供する場合

ア　精神異常の証明

イ　聞き手に与えた影響、供述者の認識の証明

ウ　行為と一体化した供述

エ　その他

(ア)　書面の記載と犯行態様の非偶然的一致から、書面作成者の関与を推認する場合

(イ)　事前に計画を記載した書面の内容と実際の犯行態様の非偶然的一致から、書面作成者の関与を推認する場合

(3)　自己矛盾供述

(4)　供述過程の一部欠落

ア　内心供述の例（日記等）

イ　とっさになされた発言

(5)　伝聞法則の潜脱

(1)　供述の存在自体が要証事実となる場合

人が何かを話したり、書いたりしたこと自体が犯罪の構成要件となっているような場合である。恐喝罪における脅迫や名誉毀損罪における名誉毀損行為など、話したことの中身が本当かどうかは問題とならず、脅かしたり、人の名誉を毀損する事実を公言した行為そのものがあったのかどうかが問題となるのであって、伝聞証拠ではない。

設問１　次の各事案について、各供述・証言または書面について、それぞれ、伝聞証拠か、非伝聞か、供述時の内心の供述か、分類しなさい（供述等の中に『　』の供述等が含まれている場合、『　』部分について上記の分類を検討すること）。

事例１　Ｗは、「ＡがＶを殺した」という内容の書面を作成した。

小問１　ＡはＶに対する殺人罪で起訴されているが、犯人性を否認している。

検察官Ｐは、捜査段階で、ＡのＶに対する殺害の経緯を目撃したというＷから、上記書面の提出を受けていた。Ｐは、Ａの公判において、「ＡがＶを殺害したこと」を立証趣旨として、上記書面を証拠調べ請求した。

➡伝聞証拠

書面の内容が真実だとして、書かれた内容どおりの出来事があったことを立証しようとするものであり、Ｗが本当にＡのＶ殺害を見たのか等、書面の記載内容の真実性が問題となる場面である。

小問２　Ａの告訴を端緒として、ＷのＡに対する名誉毀損被疑事件が立件され、Ｗは同罪で起訴された。

Ｐは、「ＷがＡの名誉を毀損したこと」を立証趣旨として、上記書面を証拠調べ請求した。

➡非伝聞

書面の存在自体によって名誉毀損行為が行われた事実を立証しようとするものであり、記載内容の真実性は問題とならない。

> **事例 2**　Ａは V を脅した脅迫罪で起訴されている。
>
> Ｐは、V に宛てて送付されたＡ作成の手紙について、立証趣旨を「脅迫の実行行為があったこと」として証拠調べ請求をした。手紙には、「殺してやるから待っていろ」という記載がある。

➡非伝聞

脅迫文書の存在自体によって脅迫行為が行われた事実の立証をしようとする場合であって、内容の真実性が問題とならない。

(2)　供述の存在自体を状況証拠として他の事実の推認に供する場合

ある発言がなされたことそのものを立証することは **(1)** の供述の存在自体が要証事実となる場合と同じだが、そこからさらに別の事実（間接事実）を証明しようとする場合、つまり、ある人が「甲」という発言をしたとして、そういう発言をしたからには、乙という事実が推認できる、というケースである。

ア　精神異常の証明

> **事例 3**　Ａは V をナイフで刺したとして、殺人未遂罪に問われている。
>
> 弁護人Ｌは、目撃者 W について、「犯行当時Ａは精神病に罹患し、意思能力が減衰していたこと」を立証趣旨として証人尋問を請求した。
>
> W は公判で、「Ａが V を刺したとき、Ａは、『我はデーモン大魔王の末裔なり。汝を成敗する』と叫んでいました」と証言した。

➡非伝聞

原供述者Ａが不合理な発言をしたこと自体から、Ａの精神異常を立証しようというものであり、内容の真実性が問題とならない。

イ　聞き手に与えた影響、供述者の認識の証明

> **事例 4**　Ａは、通行人 V に自己の運転する自動車を衝突させ、死亡させたとして、過失運転致死罪に問われている。事故の原因は、Ａの車のブレーキ

が壊れていたためであった。Aは、「私はブレーキが壊れていることは知りませんでした」と弁解し、Lも、公判で、「Aはブレーキが壊れていることを知らなかったから、事故を予見する可能性がなかった」と述べている。

小問1　Aの公判で、検察官Pは、「Aが事故前にブレーキの故障を認識していたこと」を立証趣旨として、事故当時Aの車に同乗していたWの証人尋問を請求した（なお、事故当時ブレーキが壊れていたことについては、他の証拠によって客観的に明らかになっている）。

Wは証言し、「事故前、Aは車で整備工場に立ち寄ったのですが、その際、工場の整備工MはAに、『この車、ブレーキが壊れていますね』と言っていました。Aはそれを聞いていました」と述べた。

➡非伝聞

当該供述の存在から、聞き手が一定の影響を受けた（一定の認識を生じさせた）ことを立証しようとする場合であり、供述の内容が真実であることを問題にするものではない。

小問2　Aの公判で、検察官Pは、「Aが事故前にブレーキの故障を認識していたこと」を立証趣旨として、事故当時Aの車に同乗していたWの証人尋問を請求した（なお、事故当時ブレーキが壊れていたことについては、他の証拠によって客観的に明らかになっている）。

Wは、証言し、「事故前、Aは、『どうもこの車、ブレーキの具合がおかしいんだよね。でもまあ、大丈夫』と言っていました」と述べた。

➡非伝聞[13)]

ブレーキの故障が他の証拠から立証されている場合、Aが客観的事実と一致する内容の供述をしていたこと自体から、Aが当該事実を認識していたことを証明しようとするものである。

小問3　Aの公判で、そもそも事故当時ブレーキが壊れていたのかどうかが争われた。車両は大破していて、事故前にブレーキ故障が生じていたのかどうか特定ができない。

検察官Pは、事故当時Aの車に同乗していたWの話から、Aが事故前に整備工場に立ち寄り、整備工Mからブレーキが壊れている旨を告げられていたとの情報を得、Mに電話をしてその旨を確認したが、MはPの取調べを受ける前に死亡してしまった。

Pは「本件事故当時、ブレーキが故障していたこと」を立証趣旨として、Wの証人尋問を請求した。

Wは公判廷で証言し、「事故前、Aは車で整備工場に立ち寄ったのですが、その際、工場の整備工MはAに、『この車、ブレーキが壊れていますね』と

13) あくまでも供述と客観的事実との一致が、経験則上偶然とは考えにくいような種類・程度・範囲の事項で認められる必要がある。供述が客観的事実との一致を欠くのであれば、Aの認識を推認するには真摯性と叙述の点が問題となるから、供述当時の内心供述に類似することになる（争点167頁）。

言っていました」と述べた。

➡伝聞証拠

前述2題と異なり、Wが引用したMの供述の内容が真実であることを前提に、供述内容どおり、ブレーキが故障していた事実を立証しようという場面であるから、伝聞証拠に当たる（この場合、324条2項により321条1項3号が準用され、同条項の要件を充たすかどうかが問題となっていく）。

事例5　Aは内縁の妻Vをナイフで切りつけて怪我を負わせたとして、傷害罪で起訴されている。Aは、内妻Vとは不仲ではなく、怪我をさせる動機などない、ふざけてナイフを振り回していたらVに当たってしまっただけだとして、過失犯を主張している。

検察官Pは、目撃者Wについて、「AのVに対する傷害の動機」を立証趣旨として証人尋問を請求した。Wは、「事件の直前、VはAに、『甲斐性なし。死んでしまえ』などと、ひどい悪態をついていました」と証言した。

➡非伝聞

供述の存在から、聞き手（A）に一定の動機を形成したことを立証しようとするものであり、供述の内容の真否を問題としない。

ウ　行為と一体化した供述

事例6　公務員Aは、Bから請託を受けて賄賂を収受したとして、受託収賄罪で起訴された。Aは、Bから金銭を受け取ったことは認めているが、個人的な借金であったとして、請託を受けたことも、賄賂であることも否認している。

Wは、収受の場に居合わせた者として、Aの公判で証言し、「Bは、Aに札束を渡しながら、『例の件はありがとうございました。これはほんのお礼です。お収めください』と言っていました」と述べた。

➡非伝聞

行為と、これに付随して発せられた言葉とが一体となって贈賄行為の法的・社会的意味を基礎づけるものであって、発言者の真意は問題とならず、そのような言葉が発せられたこと自体が意味をもつ。

エ　その他

(ア)　書面の記載と犯行態様の非偶然的一致から、書面作成者の関与を推認する場合

> **事例7**　AはVを殺害し、遺体を遺棄した疑いを受けている。捜索の結果、Aの自宅から、甲山中の地図が発見され、地図の中に、赤で丸印がしてあり、「V」という字が書かれていた。字は、Aの筆跡であった。
>
> 警察が地図中の赤丸の場所を掘り返してみると、Vの死体が発見された。
>
> AはVに対する殺人死体遺棄により起訴された。公判でAは、「私は無関係。Vを殺していないし、死体を埋めたこともない」と弁解している。
>
> 検察官Pは、「Vの死体遺棄に関するAの関与」を立証趣旨として、上記地図の証拠調べ請求をした。

➡非伝聞

偶然の一致とは思えない客観的事実と符合する地図をAが所持していたこと自体をもって、これに関するAの関与を立証しようとするものであり、記載内容の真否を問題にするものではない。

(イ)　事前に計画を記載した書面の内容と実際の犯行態様の非偶然的一致から、書面作成者の関与を推認する場合

> **事例8**　警察官Kは、Vを被害者とする殺人被疑事件につき、捜索差押許可状を得て、被疑者Aの居宅を捜索したところ、「①Vにレンタカーを借りさせる、②Vに睡眠薬を飲ませる、③Vを絞め殺す、④車で死体を運び、甲橋の下に穴を掘って埋める、⑤明日、決行」と記載されたAの手書きのメモを発見したので、これを差し押さえた。その後の捜査の結果、甲橋の下の土中からVの絞殺死体が発見され、その死体から睡眠薬の成分が検出された。また、行方不明になる直前にVがレンタカーを借りたことも判明した。
>
> Aは殺人罪および死体遺棄罪で起訴されたが、自分はVを殺したことも死体を遺棄したこともないとして犯行を否認している。
>
> 検察官Pは、上記メモを「Vの殺害および死体遺棄についてAが関与したこと」を立証趣旨として証拠調べ請求した。

➡非伝聞

本件メモは⑤の記載から事前に犯行の計画を記載したものであることが明らか

であるところ、①から④に記載されたとおりに犯行が実行されたことの裏付けが得られており、これらは偶然の一致とは考えられない。かかるメモがAの支配領域である居宅から発見されたことに照らせば、本件メモの存在と内容そのものから、本件各犯行にAが関わっていたことが推認される。

(3) 自己矛盾供述

ある人が法廷で供述をしたが、同じ人が法廷外では全く別のことを言ったり書いたりしていた、という場合、その人がこうした「自己矛盾供述」をしていたということを立証すれば、法廷での供述の信用性を減殺することができる（弾劾証拠。328条の解説〔第3の14〕参照）。この場合、自己矛盾供述の内容が真実であったかどうかは問題とならず、矛盾する供述をしていたこと自体から、コロコロと言うことを変える、信用できない人なのだということを推認していくことになる。

(4) 供述過程の一部欠落

ア 内心供述の例（日記等）

事例9 Aは、5月26日、Vをナイフで刺して殺害したとして、Vに対する殺人罪で起訴されている。

小問1 Aは犯行を全面的に否認している。

Aの自宅から、Aの筆跡による日記が発見されている。日記の5月27日のページには、「昨日、Vを殺してしまった」との記載がある。検察官Pは、日記について、「AがVを殺害したこと」を立証趣旨として証拠調べ請求した。

➡伝聞証拠

Aの過去の体験を記憶に従って記載した日記により、当該体験が実際になされたことを立証しようとするものであり、日記の記載内容が真実であることを前提としている。

小問2 Aは、Vをナイフで刺したことは認めているが、殺すつもりはなく、殺人の故意がなかったと主張している。

Aの自宅から、Aの筆跡による日記が発見されている。日記の5月25日のページには、「Vを許さない。明日こそ殺してやる」との記載がある。

検察官Pは、日記について、「Aが事前にVの殺害を計画していたこと」を立証趣旨として、証拠調べ請求した。

➡内心供述

犯行前、日記記載時における内心を表現したものであり、知覚、記憶の過程を欠く。

イ　とっさになされた発言

小問3　AはVを殺害したとして、殺人罪で起訴されているが、Aは犯行（犯人性）を否認している。犯行現場を目撃したWは、「犯行現場でVがナイフで刺された時、『Aおまえか！』と叫んでいました」と公判廷で証言をした。

➡供述過程の一部欠落

「とっさの発言」は記憶違いの可能性は低く、典型的な供述証拠とは供述過程の構造が異なり、知覚した過程は原供述者の尋問ではなく、現場に居合わせたWに対する尋問によって吟味することができる。

事例10　Aは、5歳の女児Vを山中に誘い出し、指でVの股間付近に触れたとして、強制わいせつ罪で起訴されているが、犯行を否認している。Vの母Wは公判で証言し、被害直後ならびにその後2、3日のVの言動を、児童としての衝撃、恐怖の心理の起伏、その後しばらくおそろしがっていた事実を含め、詳細に供述した。

➡供述過程の一部欠落

5歳の児童に対する、知的プロセスや被害者の行為の媒介を伴わない、直接、端的な肉体への侵害行為の場合においては、未だ警察の捜査その他目的的な意識の介入をさしはさまない、直後母親が児童から感得した言動は、大部分はいわゆる再構成を経た観念の伝達ではなくて、被害に対する児童の原始的身体的な反応の持続そのものの母親の体験であり、その限りにおいてはVから感得した言動は伝聞に当たらないものである[14)]。

---

14)　山口地萩支判昭和41年10月19日判時474号63頁。

(5) 伝聞法則の潜脱

ア 前述のとおり、一般に伝聞証拠と非伝聞証拠の振り分けは、要証事実のいかんによって異なる。

ここで注意しなければならないのは、上記の振り分けは立証趣旨をどう設定するかによって変わるわけではないという点である。

> **設問 2** 次の各事例について、検察官Ｐが証拠調べ請求をした供述調書に証拠能力が認められるか、論じなさい。

> **事例 1** ＡはＶを殺害したとして殺人罪で起訴された。Ａは否認し、自分は殺害行為をしていないと述べている。
>
> 検察官Ｐは、捜査段階において目撃者Ｗの取調べを行い、確かにＡがＶを殺害する場面を目撃したという供述を得て、その旨の供述調書を録取した。しかし、Ｗは、絶対に法廷で証言するのは嫌だと言い、Ｐも、Ｗは口下手で、公判で証言をさせた場合、何を言い出すかわからないと考えた。そこでＰは、Ｗの供述調書を、「Ｗが犯行を目撃した状況を供述したこと」とし、非伝聞であるとして証拠調べ請求した。

➡伝聞証拠

Ｐの立証趣旨は、Ｗが供述をしたことそれ自体としており、Ｗの供述調書は、Ｗの供述がなされたことを証するものとして、非伝聞証拠であるようにも思える。

しかし、Ａが殺害行為をしたのかどうかが争点となっている本件において、Ｗが後に供述をしたことそれ自体には何ら証拠としての価値はなく、ＰはＷの供述調書を、Ｗが目撃したという殺害行為があったという事実を立証するために用いようとしていることは明らかであって、上記供述調書の要証事実は、Ｗの供述内容どおりＡがＶを殺害したという事実に他ならない。そうすると、Ｗの供述調書はその内容の真偽を問題とせざるを得ないのであって、非伝聞証拠ではなく、伝聞証拠といわざるを得ない。

イ 供述調書について、「供述をしたこと」自体が要証事実となり、供述調書が非伝聞となるのは、次のような例外的場面に限られる。

事例 2　事例１で、Ａは捜査段階では自ら進んで自白をし、その旨の自白調書（警察官面前調書）が複数作成された。Ａは、検察官Ｐの面前でも、犯行を自白し、その旨の供述調書（検察官面前調書）が録取された。Ａは、いずれの調書も、その内容を確認した上で、自ら進んで署名・押印している。

Ａは公判で否認に転じ、Ｐが322条１項により証拠調べ請求をした上記検察官面前調書について、任意性がないとして争っている。

Ｐは、「被告人が捜査段階で一貫して犯行を自認する供述をしていたこと」を立証趣旨として、上記一連の警察官面前調書を証拠調べ請求した。

➡非伝聞

Ｐは、被告人が捜査段階において一貫して犯行を自白していたことを立証することによって、Ｐの面前における供述も任意になされたものであることを立証しようとしているのであって、上記警察官面前調書の要証事実は、いずれもＡが同調書記載の内容を供述したことそれ自体である。そうすると、これら調書は非伝聞であって、伝聞法則の適用を受けない。

第2　伝聞例外総論

1．はじめに

伝聞証拠は、反対尋問等のテストによって知覚・記憶・表現・叙述の各過程を吟味する機会がなく、裁判所において事実を誤認する類型的危険があることから、法律的関連性がないものとして、証拠能力が否定される（伝聞法則、320条1項）。

しかし、そのような吟味を経なくても、高い必要性があるため、合理的な一定の例外を許さないものではないし、供述のなされた情況によっては信用性を肯定してよい場合もある。

そこで法は、321条から328条までにおいて、伝聞書面および伝聞供述（証言）それぞれの性質に応じて、具体的かつ詳細に伝聞法則の例外を規定している。

2．伝聞例外の類型

伝聞例外の規定は、以下**(1)**～**(6)**のように整理されている[15)]。

(1)　単に直接主義[16)]に反しているだけの場合

以下の書面は、すでにある程度の反対尋問等によるテストを受けていたり、その機会を与えられた供述を内容としたり、反対尋問を考えることが無意味な供述を内容とする書面である。これらの書面は、単に直接主義の要請に反しているだけであるから、伝聞例外として証拠能力を認めてよいのである。

① 公判準備または公判期日における被告人以外の者の供述録取書（321条2項前段）

② 裁判所または裁判官の検証調書（321条2項後段）

③ 被告人の供述を内容とする書面（322条）

(2)　書面の性質上反対尋問の範囲が極めて限定されている場合

以下の書面は、その内容の性質上、公判廷での反対尋問によるテストを行うこ

15)　講義案294頁以下。

16)　直接主義とは、法廷で裁判所により直接取り調べられた証拠に基づいてしか判決できない主義をいう。

とが極めて困難なものである。刑事訴訟法は「作成の真正」の立証を要件として、伝聞例外として証拠能力を認めている。

① 捜査機関の検証調書（321条3項）

② 鑑定書（321条4項）

(3) 信用性の情況的保障の要件と必要性の要件との組合せによる場合

以下の書面は伝聞証拠ではあるが、反対尋問のテストに代替し得るほどの信用性の情況的保障があり、かつ、伝聞例外を認める必要性があることを要件として、伝聞例外として証拠能力を認めるものである。

① 書面自体に上の要件が備わっているもの（323条）

(ア) 公務員の証明文書（323条1号）

(イ) 業務文書（323条2号）

(ウ) その他特に信用すべき情況の下に作成された書面（323条3号）

② 上の各要件を具体的に組み合わせたもの

(ア) 被告人以外の者の裁判官の面前における供述録取書（321条1項1号）

(イ) 被告人以外の者の検察官の面前における供述録取書（321条1項2号）

(ウ) 被告人以外の者の供述書およびその他の供述録取書（321条1項3号）

(4) ビデオリンク方式による証人尋問の結果

ビデオリンク方式（157条の6柱書）により尋問された被害者等の証人に、重ねて被害状況等を証言させて、著しい精神的負担をかけさせることを避けるため、刑事訴訟法は、伝聞例外として証拠能力を認めている（321条の2）。

(5) 証拠とすることの同意および合意書面

以下の書面は、反対当事者が反対尋問権を放棄しているので、伝聞証拠に証拠能力が認められている。

① 同意書面（326条）

② 合意書面（327条）

(6) 証明力を争う証拠

証拠の証明力を争うための証拠には、伝聞証拠を用いることができる（328条）。

3．伝聞書面─供述書と供述録取書─と伝聞証言

(1) 伝聞書面

伝聞書面は、大きく、被告人以外の者の供述書および供述録取書（321条）と、被告人の供述を内容とする供述書および供述録取書（322条）とに分けることができる（その他の書面としては、323条の書面〔2(3)①〕がある）。

供述書とは、供述者自ら作成した供述記載書面をいう。たとえば、被害届、現行犯人逮捕手続書など刑事手続を予想しての供述書面だけでなく、メモや日記なども含まれる。供述書の場合には、供述者の署名・押印は必ずしも必要ではない[17]。なぜなら、筆跡などを調べれば自筆のものかどうかがわかるからである。すなわち、供述者自ら書いたことが何らかの証拠で確認することができれば、伝聞例外として採用することができるのである（**イラスト⑤**）。

イラスト⑤（「供述書」の構造）

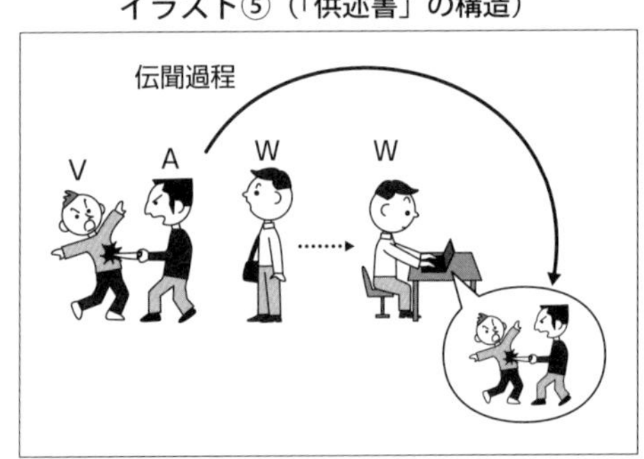

供述書の構造は、次頁の表のとおりである。なお、被告人以外（第三者）の供述書は、だれに対する供述であるかにかかわらず、321条1項3号の問題になる点には注意を要する。

なお、裁判員裁判制度の導入後、近時の公判中心主義の進展により、供述調書（供述録取書）よりも、供述者自身が作成した「私がしたこと」や「私が被害を受けたこと」等と題する供述書が活用される例が増えているようである。

17) 最決昭和29年11月25日刑集8巻11号1888頁。

【供述書】（供述者自身が作成した書面）[18)]

供述者　＝　書面―――――――――――――→裁判所

供述者		条　文
被告人以外	第三者	321条1項3号
	裁判所・裁判官（検証調書）	321条2項
	捜査機関（検証調書）	321条3項
	鑑定人（鑑定書）	321条4項
被告人		322条

これに対して、供述録取書とは、供述者の供述を他人が録取した書面のことをいう。たとえば、証人尋問調書（179条、226条、227条）、捜査機関作成の供述調書などである（**イラスト⑥**）。供述録取書の場合には、原則として、供述者の署名または押印を必要とする。これは、供述者が、見聞きしたことを録取者に話すという伝聞過程（伝聞過程1）の他に、もう1つ、録取者が聞いたことを書面に書き起こすという伝聞過程（伝聞過程2）が加わっていることに由来する。要は、供述者自身が、書き起こされた書面を見るなり聞かせてもらうなりして、「読んだけれども、間違いがありません」という趣旨で署名・押印をしてもらうことで、供述者が話したとおりに書面が書かれているということ（録取の正確性）を保障し、伝聞過程2の問題点を回避するためである。ただし、公判調書の場合には、例外的に、別に正確性を保障する規定（51条、公判調書の記載に対する異議申立て）があるから、

イラスト⑥（「供述録取書」の構造）

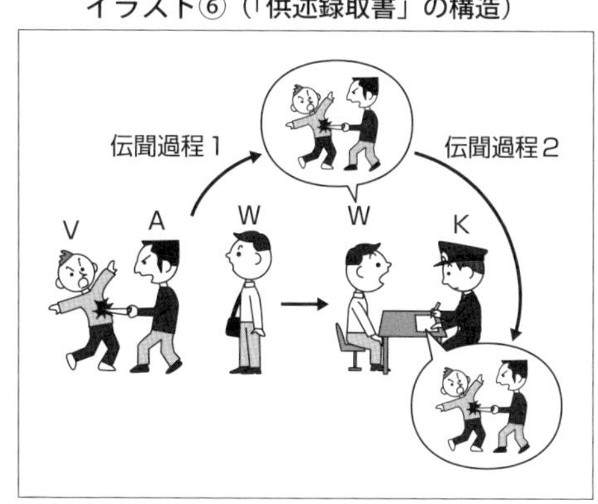

18）　田宮378頁参照。

供述者の署名・押印は必要でないと解されている（通説。なお、規則45条1項、52条の5第1項参照）。また、供述者が署名・押印できない正当な理由がある場合で、かつ、正確性を保障する事情があるときは、署名・押印がある場合と同一視してよいと解されている（例外を認めた裁判例[19]がある）。

供述録取書の構造は、次の表のとおりである。

【供述録取書】（供述者の供述を録取者が録取した書面）

供述者――――→録取者　＝　書面――――→裁判所

供述者	録取者	条　文
被告人以外	裁判官	321条1項1号
	検察官	321条1項2号
	第三者	321条1項3号
	裁判所	321条2項
被告人	第三者	322条1項
	裁判所	322条2項

(2)　伝聞供述（証言）

伝聞供述とは、他の供述を内容とする公判廷での供述をいう。これには、被告人以外の者の供述を第三者が供述（証言）する場合と、被告人の供述を第三者が供述（証言）する場合とがある。

伝聞供述の構造は、次の表のとおりである。

【伝聞供述（証言）】（原供述者の供述を公判供述者が供述（証言））

原供述者――――→公判供述者――――→裁判所

原供述者	公判供述者	条　文
被告人以外	第三者	324条2項 （321条1項3号）
被告人	第三者	324条1項 （322条）

19）　福岡高判昭和29年5月7日高刑集7巻5号680頁。

4. 321条1項各号

323条の書面（2(3)①参照）を除いた、被告人以外の者が作成した供述書または供述録取書は、321条1項各号に定められた要件を備えた場合に限り、証拠とすることができるが、これは、前述した必要性の要件と信用性の情況的保障の要件との組合せによる場合である。

それぞれの書面については、次章で検討していくことになるが、321条1項の要件を整理しておくと、次のようになる。

①供述の再現不能、②供述の相反性および③不可欠性が必要性の要件に当たり、④特信性が信用性の情況的保障の要件に当たる。

① 供述の再現不能

書面の供述者が死亡、精神もしくは身体の故障、所在不明もしくは国外にいるため公判準備もしくは公判期日において供述することができないこと

② 供述の相反性

供述者が公判準備もしくは公判期日において書面中の供述と異なった供述をしたこと

③ 不可欠性

書面の供述が犯罪事実の証明に欠くことができないものであること

④ 特信性

書面の供述を信用すべき特別の情況の存すること

以上の①から④の要件を、321条1項各号の各書面で整理して表にすると、次のようになる。

裁判官の面前における供述録取書	①供述の再現不能 または、②供述の相反性	321条1項1号
検察官の面前における供述録取書	①供述の再現不能 または、②供述の相反性 ＋④特信性	321条1項2号
その他の供述録取書および供述書	①供述の再現不能 ＋③不可欠性 ＋④特信性	321条1項3号

第3　伝聞例外各論

本章では、321条から328条までの伝聞例外（325条を除く）について、具体的事例を通じて、その内容を検討していくことにする。「第2　伝聞例外総論」で説明した伝聞例外の類型を意識しつつ、各条文の文言・内容を吟味し、具体的事例にあてはめる訓練をしてほしい。

1．321条1項全般

第321条　被告人以外の者[20]が作成した供述書[21]又はその者の供述を録取した書面[22]で供述者の署名若しくは押印[23]のあるもの[24]は、次に掲げる場合に限り、これを証拠とすることができる。

一　裁判官の面前（第157条の4第1項に規定する方法による場合を含む。）における供述を録取した書面については、その供述者が死亡、精神若しくは身体の故障、所在不明若しくは国外にいるため公判準備若しくは公判期日において供述することができないとき、又は供述者が公判準備若しくは公判期日において前の供述と異つた供述をしたとき。

二　検察官の面前における供述を録取した書面については、その供述者が死亡、精神若しくは身体の故障、所在不明若しくは国外にいるため公判準備若しく

20）被告人以外の者とは、当該書面の証拠請求を受けまたは請求をした被告人本人以外の者という意味である。共犯者はもとより共同被告人も含む。

21）供述書とは、供述者自ら作成した供述記載書面をいう。形式上供述者本人が作成名義人であるものである。たとえば、上申書、答申書、被害届、任意提出書、捜査報告書、実況見分調書、鑑定書、帳簿、日記、手紙、領収書などがこれに当たる。

22）供述録取書とは、供述者の供述を他人が録取した書面のことをいう。たとえば、証人尋問調書、供述調書、質問顛末書、電話聴取書などがこれに当たる。

23）供述録取書は、321条1項により証拠能力を認められるためには供述者の署名（自署）または押印（指印でもよい）のあることが要件となっている。他方、供述書には署名・押印は不要である。署名・押印は、署名か押印のいずれか一方で足りる。供述録取書にのみ供述者の署名・押印が必要とされるのは、伝聞録取書は、厳密に言えば二重の伝聞であるから、録取の正確性を保障するためである。

24）供述者の署名・押印によって担保されるのと同程度に録取内容の正確性を担保する外部的情況が存する場合（たとえば、他事件の公判調書中の証人、被告人等の供述部分など）には、例外的に署名・押印を欠いてもよいと考えられる場合もある。また、供述録音、供述写真等についても、供述者（被撮影者）の署名・押印以外の方法でその録取（作成）過程の真正なこと（正確性）の立証を許してよいと考えられる。

は公判期日において供述することができないとき、又は公判準備若しくは公判期日において前の供述と相反するか若しくは実質的に異つた供述をしたとき。ただし、公判準備又は公判期日における供述よりも前の供述を信用すべき特別の情況の存するときに限る。

三　前２号に掲げる書面以外の書面については、供述者が死亡、精神若しくは身体の故障、所在不明又は国外にいるため公判準備又は公判期日において供述することができず、且つ、その供述が犯罪事実の存否の証明に欠くことができないものであるとき。ただし、その供述が特に信用すべき情況の下にされたものであるときに限る。

（趣旨）

321条１項は、被告人以外の者が作成した供述書やその供述を録取した書面について規定する。

被告人以外の者が自分で書いた書面（供述書）や、誰か別の人の前で話をして、言ったことを書き起こしてもらった書面（供述録取書[25)]）は、原則として、３号の厳しい要件を充たした場合にだけ、証拠とすることができる。書き起こした人が警察官や弁護士でも、変わりはない。こういう書面は、本来、被告人以外の者本人（原供述者）が法廷に出てきて証言をするべきであり、本人が死亡してしまったとか、どうしても証言ができないような場合に、ごく例外的に、証言に代えて証拠にすることができるに過ぎない。

他方、話を聞いてこれを書き起こした人が、もともと、ある程度信用を置ける人である場合には、もう少し緩やかに、書面を証拠にしてもよい。話を聞いた人が裁判官であれば、嘘を書いたり、不公平なことを書いたりすることはないだろう。そういう場合には、供述者が死亡してしまったり、公判には出てきたものの、以前に話していたこととは全然違うことを言い出したりするようなときに、供述者が以前に何を話していたのか、調べる必要性が高いので、裁判官の面前でなした供述録取書を証拠とすることが認められている（裁面調書・１号書面）。

また、検察官も、捜査側、訴追側ではあるものの、公益の代表者（検察庁法４条）である以上、ある程度信用してもよいはずである。こういう場合も、やはり供述録取書を取り調べる必要性が高いことから、例外的に証拠能力が認められるのであるが、さすがに裁判官に話を聞いてもらった場合ほど信用するというわけにもいかない。そこで、被告人以外の者が、公判で、検察官の前で言っていたことと

25)　検察官や警察官の作成する供述調書が典型である。

違うことを言い出したというような場合には、検察官の前で喋っていたことの方が公判で話したことよりも特に信用できるという情況であった、という事情が必要とされているのである（検面調書・２号書面）。

2．321条1項1号

> **第321条**　被告人以外の者が作成した供述書又はその者の供述を録取した書面で供述者の署名若しくは押印のあるものは、次に掲げる場合に限り、これを証拠とすることができる。
>
> 一　裁判官の面前（第157条の4第1項に規定する方法による場合を含む。）における供述を録取した書面については、その供述者が死亡、精神若しくは身体の故障、所在不明若しくは国外にいるため公判準備若しくは公判期日において供述することができないとき、又は供述者が公判準備若しくは公判期日において前の供述と異つた供述をしたとき。

（趣旨）

321条1項1号は、被告人以外の者が裁判官の面前でした供述を録取した書面について規定する。裁判官面前調書、裁面調書、または1号書面という。

公平中立な第三者である裁判官の面前でなされた供述であり、類型的に録取された供述の信用性が高いため、2号、3号の各面前調書よりも緩やかな要件の下で証拠能力が認められる。具体的には、供述者の供述不能または自己矛盾供述の場合には、この書面を証拠とすることができる。前者の供述不能については、321条1項3号による一般的な面前調書（警察官面前調書もこれに含まれる）には絶対的特信情況が必要とされ、後者の自己矛盾供述の場合について、検察官面前調書（321条1項2号）には、相対的特信情況が必要とされるのと比べ、1号書面にはいずれの特信性も必要とされていない。また、自己矛盾供述について、検察官面前調書の場合は、「前の供述と相反するか若しくは実質的に異つた供述をしたとき」とされているが、裁判官面前調書の場合、「前の供述と異つた供述をしたとき」とされ、前の供述の方が詳細で証明力が異なるだけでも足りるとされている[26)]。

1号書面の例としては、226条から228条による起訴前または第1回公判期日前の証人尋問調書、証拠保全としての証人尋問調書（179条）などが挙げられる。また、同一事件であるかどうか、被告人（弁護人）が立会権を有していたかどうか

---

26)　条解931頁。

は問わない。そのため、他の刑事事件の公判（公判準備）調書中の証人・鑑定人の供述部分、民事事件の口頭弁論調書（証人・鑑定人尋問調書）などが含まれる[27]。さらに、判例は、他の刑事事件の公判調書中に、その者が被告人として行った供述を録取した部分も１号書面に当たるとしている[28]。

設問１　検察官Ｐが証拠調べ請求をした次の各書面等について、証拠能力が認められるか、根拠となる条文を明示して論じなさい（必要に応じ、適宜場合分けをして論じること）。

事例１　Ａは、Ｖを殺害した疑いで逮捕・勾留された。犯行現場を通りかかったＷがその始終を目撃していたが、Ｗは捜査官への供述を拒否している上、不法在留外国人であり、近々強制送還される可能性が高い。このため、検察官Ｐは、Ｗの証人尋問を請求し（226条）、裁判官は、Ｗの帰国前に、Ｗの証人尋問を実施した（228条）。

その後、Ａは起訴され、Ｐは上記証人尋問調書の取調べを請求した。

本件書面は、Ｗの「公判期日における供述に代［わる］書面」（320条１項）であり、伝聞証拠であるから、321条以下のいわゆる伝聞例外に該当しない限り、これを証拠とすることはできない。

本件書面は、「被告人以外の者…の供述を録取した書面」（321条１項）であり、第１回公判前の証人尋問手続での「裁判官の面前…における供述を録取した書面」であるから、321条１項１号の要件を充たせば、例外的に証拠能力が認められる。

そうであるところ、Ａの公判の時点において、不法在留外国人であるＷが既に強制送還されているのであれば、「国外にいるため公判期日において供述することができないとき」に該当する。

そこで、本件書面に供述者であるＷの「署名若しくは押印」があれば、321条１項１号により証拠能力が認められる。なお、Ｗの署名または押印を欠く場合であっても証拠能力を認める余地がある（注19）参照）。

事例２　Ａは、Ｖを殺害した疑いで逮捕・勾留された。たまたま犯行現場を

27）　条解928頁。
28）　最決昭和57年12月17日刑集36巻12号1022頁。

通りかかったＷがその一部始終を目撃していたが、Ｗは、捜査段階での検察官Ｐの聴取（取調べ）に対して「話したくない」として供述を拒んでいた。その後Ａは起訴されたが、依然としてＷが聴取に応じなかったため、Ｐは、Ａの第１回公判期日前に、Ｗの証人尋問を請求し、裁判官は、Ｗに対する証人尋問を実施した。当該証人尋問手続において、Ｗは、「ＡがＶを殺害するのを見た」旨証言し、当該証言を内容とする証人尋問調書が作成された。

Ａの公判において、ＰはＷの証人尋問を請求したが、Ｗは、Ｐの主尋問に対して「ＡがＶを殺害するのは見ていない」と証言し、弁護人の反対尋問に対しても当該証言を維持した。

そこで、Ｐは上記証人尋問調書の取調べを請求した（なお、調書にはＷの署名または押印がある）。

本件書面は、Ｗの「公判期日における供述に代［わる］書面」（320条１項）であり、伝聞証拠であるから、321条以下のいわゆる伝聞例外に該当しない限り、これを証拠とすることはできない。

つまり、本件書面は、「被告人以外の者…の供述を録取した書面」（321条１項）であり、第１回公判期日前の証人尋問手続での「裁判官の面前…における供述を録取した書面」であるから、321条１項１号の要件を充たせば、例外的に証拠能力が認められる。

そうであるところ、Ｗは、Ａの公判において、上記証人尋問調書における証言に反し、「ＡがＶを殺害するのは見ていない」と証言したのであるから「供述者が公判期日において前の供述と異なった供述をした」といえる。

したがって、本件書面は、321条１項１号により、証拠能力が認められる。

3． 321条1項2号

二　検察官の面前における供述を録取した書面については、その供述者が死亡、精神若しくは身体の故障、所在不明若しくは国外にいるため公判準備若しくは公判期日において供述することができないとき、又は公判準備若しくは公判期日において前の供述と相反するか若しくは実質的に異つた供述をしたとき。ただし、公判準備又は公判期日における供述よりも前の供述を信用すべき特別の情況の存するときに限る。

(趣旨)

321条1項2号は、検察官の面前における供述を録取した書面について規定する。検察官面前調書、検面調書、2号書面、あるいはPSともいわれる。

検察官は公益の代表者(検察庁法4条)であり、一定の公平性が期待できるので、他の者の面前における供述を録取した場合(3号書面)よりも、緩やかな要件で証拠能力が認められるのであるが、他方、検察官は訴訟において被告人と対立する当事者であり、中立な第三者である裁判官と同様に扱うことはできない。このため、2号書面の要件は、1号書面と3号書面の中間的な色合いを帯びているのである。

具体的には、2号前段の「その供述者が死亡、精神若しくは身体の故障、所在不明若しくは国外にいるため公判準備若しくは公判期日において供述することができないとき」、すなわち、供述不能の要件と、後段の「公判準備若しくは公判期日において前の供述と相反するか若しくは実質的に異つた供述をしたとき」、すなわち自己矛盾供述の要件が規定されている。後者の自己矛盾供述の場合は、「公判準備又は公判期日における供述よりも前の供述を信用すべき特別の情況の存するとき」すなわち、いわゆる相対的特信情況が認められる場合に限って証拠能力が認められる。

設問2　AはVを包丁で刺して殺害したとして、殺人の容疑で逮捕・勾留され、その後起訴された。Aは捜査段階では被疑事実を認めていたが、公判では否認に転じた。Wは、たまたま犯行現場を通りかかり、Aが包丁でVの腹部を刺して殺害する現場を目撃していた。

検察官Pは、次の各書面について、証拠調べ請求をしたが、弁護人はいずれも不同意との意見を述べた。これら書面に証拠能力が認められるか、根拠となる条文を明示して論じなさい(必要に応じ適宜場合分けをして論じること)。

事例　捜査段階で、Wは、検察官Pの面前で、「私は、Aが包丁でVの腹部を刺すところを見ました」と述べ、Pはその旨が記載された供述調書を作成した。Wは、Pから調書を読み聞かされた後、調書に署名・押印した。Aの弁護人Lは、Wの検察官面前調書を不同意とした。

次の各場合に分けて論じなさい。

小問 1　W は検察官 P の取調べを受けた直後に交通事故に遭い、死亡してしまった。

⑴　本件書面は、W の「公判期日における供述に代［わる］書面」(320 条 1 項) であり、伝聞証拠であるから、321 条以下のいわゆる伝聞例外に該当しない限り、これを証拠とすることはできない。

ここで、本件書面は、「被告人以外の者…の供述を録取した書面で供述者の署名若しくは押印のあるもの」(321 条 1 項) であり、「検察官の面前における供述を録取した書面」であるから、321 条 1 項 2 号の要件を充たせば、例外的に証拠能力が認められる（以下では、⑴の部分は同じ内容のため省略する）。

⑵　本問では、W は死亡しており、「公判期日において供述することができないとき」に該当する。

したがって、本件書面は 321 条 1 項 2 号により、証拠能力が認められる。

小問 2　W は、検察官 P の取調べを受けた直後に交通事故に遭い、一命は取り留めたものの、入院が長引いている。医師の見立てでは、2 年以上退院はできず、この間、裁判所に出廷することはもちろん、病室で尋問を行うことも難しいとのことである。

⑵　本問では、W は、2 年以上退院はできず、病院で尋問を行うことも困難であり、「身体の故障」により「公判期日において供述することができないとき」に当たる。

したがって、本件書面は 321 条 1 項 2 号により証拠能力が認められる。

小問 3　W は、検察官 P の取調べを受けた直後に海外に異動となってしまった。帰国のめどは立っていない。

⑵　供述不能の要件は、証人尋問が不可能または困難なため例外的に伝聞証拠を用いる必要性を基礎づけるものであるから、一時的な供述不能では足りず、その状態が相当程度継続して存続しなければならない。本問については、W は帰国のめどがなく、供述不能の状態が相当程度継続して存続することが明らかであるから、「国外にいるため…公判期日において供述することができないとき」に当たる。

したがって、本件書面に証拠能力が認められるというべきである。

小問4　裁判所がWに対し召喚状を発したが、Wは外国におり、帰国は1か月後の見込みであることが判明した。

(2)　Wは、外国におり、「国外にいるため…公判期日において供述することができない」ようにも見える。

しかし、供述不能の要件は、証人尋問が不可能または困難なため例外的に伝聞証拠を用いる必要性を基礎づけるものであるから、一時的な供述不能では足りず、その状態が相当程度継続して存続しなければならない。本問については、Wは1か月後には帰国するというのであるから、それを待って尋問を行うことが期待できるのであって、未だ「供述することができない」（供述不能）ということはできない。

したがって、321条1項2号の要件を充たさず、本件書面に証拠能力は認められない。

小問5　裁判所がWに対し召喚状を発したが、Wは外国におり、帰国は1年後の見込みであることが判明した。

(2)　ここで、供述不能の要件は、証人尋問が不可能または困難なため例外的に伝聞証拠を用いる必要性を基礎づけるものであるから、一時的な供述不能では足りず、その状態が相当程度継続して存続しなければならない。本問については、Wの帰国は1年後というのであり、これを待って尋問を行うことは、不可能ではないにしろ、迅速な裁判（憲法37条1項）の要請に著しく違背するものであって、許されない。そうすると、Wは「国外にいるため…公判期日において供述することができない」（供述不能）というべきである。

したがって、321条1項2号の要件を充たし、本件書面は証拠能力が認められる。

小問6　Wは不法残留外国人であり、検察官Pの取調べを受けた直後に入国管理局に収監され、本国に強制送還されてしまった。Pは送還の経緯を全く知らなかった。

(2)　Wの供述不能の状態は、法務省が管轄する入国管理局が作出したものであり、かかる場合にまで調書に証拠能力を認めることは、手続的正義を害するものとして、許されないとの見解もある。

しかし、検察官が、証人が公判期日に供述することができなくなることを認識しながら、ことさらにそのような事態を利用して証拠の瑕疵を隠蔽しようとしたような例外的な場合はともかく[29]、本問では、Pにおいて W 帰国の経緯について責められるべき事情はない。

したがって、本問において 321 条 1 項 2 号の適用に支障はなく、「国外にいるため…公判期日において供述することができないとき」に該当し、本件書面に証拠能力が認められる。

> **小問 7**　W は不法残留外国人であった。検察官 P は、A の起訴後、改めて W の証人テストを行ったところ、W は捜査段階で警察官 K から暴行を受けていたことがわかり、W の証言が行われると、この事実が明るみに出てしまい、関係証拠が排除されてしまう可能性があると考えた。このため、P は、旧知の入国管理官に対し、W を早期に強制送還するよう働きかけたところ、W は尋問がなされる前に本国に強制送還されてしまった。

(2)　W は、本国に強制送還されており、「国外にいるため…公判期日において供述することができないとき」に当たる。

しかし、P は、W が公判期日に供述することができなくなることを認識しながら、ことさらにそのような事態を利用して証拠の瑕疵を隠蔽しようとしたものであって、W の供述調書を 321 条 1 項 2 号前段により証拠請求することは手続的正義の観点から公平さを欠くというべきであり[30]、これを事実認定の証拠とすることは許されない。

したがって、本件書面に証拠能力は認められない。

> **小問 8**　W は不法残留外国人であった。W は、事件を目撃した直後に入国

29)　最判平成 7 年 6 月 20 日刑集 49 巻 6 号 741 頁。なお、この判例は「裁判所が当該外国人について証人尋問の決定をしているにもかかわらず強制送還が行われた場合」を「手続的正義の観点から公正さを欠く」例として挙げている。しかし、この部分は、限定的に「当該外国人の収容の理由および時期、強制送還の態様・時期、検察官による検面調書の作成状況、弁護人選任状況、証人尋問請求の時期、裁判所による証人尋問決定の時期、関係機関等の連絡・調整状況など」の「諸事情の総合的判断」によって決するのが今日の実務であろう。

30)　最判平成 7 年 6 月 20 日刑集 49 巻 6 号 741 頁。

管理局に収容され、Aの第1回公判前に本国に強制送還されてしまった。

検察官Pは、Wが入管に収容され、退去強制手続が進行していることを了解していながら、弁護人Lにはその旨を全く伝えていなかった。Pは、公判でWの検察官面前調書を証拠調べ請求したが、この時点ではWはすでに強制送還されていた[31]。

(2) Wは強制送還されており、「国外にいるため…公判期日において供述することができないとき」に当たるようにも思える。

しかし、供述者が国外にいるため、321条1項2号前段所定の要件に該当する供述調書であっても、供述者の退去強制によりその証人尋問が実施不能となったことについて、国家機関の側に手続的正義の観点から公正さを欠くところがあって、その程度が著しく、これらの規定をそのまま適用することが公平な裁判の理念に反することとなる場合には、その供述調書を証拠として許容すべきではない[32]。そして、退去強制となった供述者の検察官面前調書を証拠として採用する前提として、検察官のみならず、裁判所はもとより入国管理当局を含めた関係国家機関が、当該供述者の証人尋問を実現するために、相応の尽力をすることが求められているというべきである[33]。

Pらは、Wの供述がAの有罪立証にとり重要な証拠であるとともに、Wが近日中に強制送還されて本件の公判期日において同人の証人尋問を行うことができなくなる高度の蓋然性があること、その場合に、Pが321条1項2号前段の規定により本件各供述調書を立証に用いると、AやLはその内容について反対尋問を行う機会がないことを認識していたのであるから、起訴後直ちに、Lに対して、Wの供述調書を証拠請求する見込みや同人が釈放され、在留資格がないことから退去強制処分を受ける可能性があることを連絡し、Lに179条に基づく証拠保全としてWの証人尋問請求をする機会を与えるなど、同人の証人尋問の実現に向けて相応の尽力をすることが求められていたのであり、検察官においてこのような配慮ができない事情や配慮を行うことの弊害を窺わせる事情は認められない。

このように、本問においては、Pが、当時の状況を踏まえて、AまたはLにWに対し直接尋問する機会を与えることについて、相応の尽力はおろか実施することが容易な最低限の配慮をしたことも認められないのであるから、Wの本件各供

31) 東京地判平成26年3月18日判タ1401号373頁。
32) 最判平成7年6月20日刑集49巻6号741頁。
33) 東京高判平成20年10月16日高刑集61巻4号1頁。

述調書を321条1項2号前段により証拠採用することは、国家機関の側に手続的正義の観点から公正さを欠くところがあって、その程度が著しいと認められるし、将来における証人審問権に配慮した刑事裁判手続を確保するという観点からも、到底許容することができない。

したがって、本件書面に証拠能力は認められない。

小問9　Wは、自分はこれ以上関わり合いになりたくないと言って証言を拒んでいたが、検察官Pの説得に応じ、証人尋問期日に出席はしたものの、証言については、「関わり合いになるのは嫌です。何も言うことはありません」と言って、一切の証言を拒否した。

⑵　321条1項2号前段には、証人が事実上証言を拒絶していることは要件として記載されていない。しかし、同条項が供述不能の事由を掲記しているのは、供述者を裁判所で証人として尋問することを妨げるべき障害事由を（例）示したもので、これと同様またはそれ以上の事由の存する場合、検察官調書に証拠能力を認めることを妨げるものではない[34]。

したがって、証人が証言を拒絶する場合も、「公判期日において供述することができない」場合に当たるというべきである。

ただし、供述不能の要件は、証人尋問が不可能または困難なため例外的に伝聞証拠を用いる必要性を基礎づけるものであるから、一時的な供述不能では足りず、その状態が相当程度継続して存続しなければならない[35]。

そうすると、本問については、Wの証言拒絶の決意が固く、期日を改めたり、尋問場所や方法を配慮したりしても、翻意して証言する見通しが少ないときに限り、供述不能として、本件書面に証拠能力が認められるというべきである。

小問10　WはAの公判に証人として出廷したが、「はっきりと覚えていない」旨を繰り返すだけで、その他は何も述べなかった。

⑵　本問でWは、「はっきりと覚えていない」と証言しているところ、321条1項2号前段には、証人が忘却[36]を理由に証言を拒絶しているような事情は要件と

---

34)　最大判昭和27年4月9日刑集6巻4号584頁。
35)　東京高判平成22年5月27日判タ1341号250頁。
36)　公判供述があまりにも曖昧で具体的事実を認定することができないという場合は、上記のとおり相反供述がなされたものと捉えることも可能であろう。

して記載されていない。しかし、同条項が供述不能の事由を掲記しているのは、供述者を裁判所で証人として尋問することを妨げるべき障害事由を（例）示したもので、これと同様またはそれ以上の事由の存する場合、検察官調書に証拠能力を認めることを妨げるものではない[37]。

したがって、証人が記憶をなくし、これを理由に証言を拒絶する場合も、「公判期日において供述することができない」場合に当たるというべきである。

ただし、供述不能の要件は、証人尋問が不可能または困難なため例外的に伝聞証拠を用いる必要性を基礎づけるものであるから、一時的な供述不能では足りず、その状態が相当程度継続して存続しなければならない[38]。

そうすると、本問では、Pが尋問に際して記憶喚起のための十分な方策をとっても記憶を喚起しない場合に限り、本件書面に証拠能力を認めるべきである。

小問11　WはAの報復が怖いので、Aのいる法廷で証言はできないと言い、証言を頑なに拒んでいる。

(2)　321条1項2号前段には、証人が証言を拒絶していることは要件として記載されていない。しかし、同条項が供述不能の事由を掲記しているのは、供述者を裁判所で証人として尋問することを妨げるべき障害事由を（例）示したもので、これと同様またはそれ以上の事由の存する場合、検察官面前調書に証拠能力を認めることを妨げるものではない。

したがって、証人が証言を拒絶する場合も、「公判期日において供述することができない」場合に当たるというべきである。

ただし、供述不能の要件は、証人尋問が不可能または困難なため例外的に伝聞証拠を用いる必要性を基礎づけるものであるから、一時的な供述不能では足りず、その状態が相当程度継続して存続しなければならない。

そうすると、遮蔽の措置やビデオリンク方式による尋問を行うことによってWに証言を促し、その説得に努めるべきであるが、それでもWの態度が変わらず、証言拒否を貫くときは、供述は不能として、本件書面に証拠能力が認められる。

小問12　WはAの公判に証人として出廷したが、「私は、Aが包丁でVの腹部を刺すところを見たことはありません」と証言した。検察官Pは、「あ

37)　最大判昭和27年4月9日刑集6巻4号584頁。
38)　東京高判平成22年5月27日判タ1341号250頁。

なたは、捜査段階で、AがV包丁でVの腹部を刺すところを見たと供述していましたが、なぜ、違う証言をするのですか」と尋問したが、Wは答えず、供述の変遷について合理的な説明はしなかった。

(2) Wは、「公判期日において前の供述と相反するか若しくは実質的に異つた供述[39]をし」ているので、「公判期日における供述よりも前の供述を信用すべき特別の情況の存するときに限」って、本件書面を証拠とすることができる（321条1項2号）。

そこで、上記特別の情況（特信情況）について検討するに、Wは目撃の直後になした「前の供述」においては具体的に目撃状況を供述していたにもかかわらず、「公判期日における供述」では突如相反供述に転じ、しかも、かかる供述の変遷経緯について、何ら具体的な説明をしない。そうすると、公判供述よりも検察官面前供述を信用すべき特別の情況があるから、本件書面は証拠とすることができる。

小問13　WはAの公判に証人として出廷した。Wは、概ね、検面調書に書かれていたとおりの証言をしたものの、証言には具体性が欠けており、詳細を聞かれると「はっきりと覚えていない」というばかりであった。

上記証言に比べると、調書の内容はより詳細かつ具体的であった。

(2) Wの公判供述は、検察官面前供述と比べ、具体性が欠けているというだけで、供述の内容自体は矛盾していないように見える。しかし、前後の供述について、他の証拠または他の立証事項と相まって異なる認定を導くようになる場合は、なお、各供述は「実質的に異なつた」（321条1項2号）ものというべきであり、公判供述に比べ、前の供述がより詳細なものであり、公判供述によっては具体的な事実について心証形成ができないという場合もこれに当たるというべきである[40]。

そこで、特別の情況（特信情況）について検討するに、Wは目撃の直後になした「前の供述」においては具体的に目撃状況を供述していたにもかかわらず、「公判期日における供述」では突如相反供述に転じ、しかも、かかる供述の変遷経緯について、何ら具体的な説明をしない。そうすると、公判供述よりも検察官面前供述を信用すべき特別の情況があるから、本件書面は証拠とすることができる。

39）事実の認定につき異なる結論が導かれる可能性がある供述であることを要する。ただし，公判供述では前の供述によって認められるような具体的事実の認定が困難なときも含む（条解934頁）。

40）最決昭和32年9月30日刑集11集9巻2403頁。

設問３　検察官Ｐは、次の各書面について、証拠調べ請求をしたが、弁護人Ｌはいずれも不同意との意見を述べた。これら書面に証拠能力が認められるか、根拠となる条文を明示して論じなさい（必要に応じ、適宜場合分けをして論じること）。

事例　ＡはＶを包丁で刺して殺害したとして、殺人の容疑で逮捕・勾留され、起訴された。Ａは捜査段階では被疑事実を認めていたが、公判では否認に転じた。なお、Ｖは即死ではなく、刺された後もしばらくは生存していたが、後に死亡したものとする。

小問１　Ｖは、入院中の病院で取調べに当たった検察官Ｐに対して、「私を包丁で刺したのはＡです」と述べ、Ｐはその旨の供述調書を作成した。Ｖは、Ｐから調書を読み聞かされた上で、調書に署名・押印した。Ｖは上記調書作成後に死亡した。

（検察官の立証趣旨は、「Ａが包丁でＶを刺したこと（被害状況）」とされている。）

本件書面は、Ｖの「公判期日における供述に代［わる］書面」（320条１項）であり、伝聞証拠であるから、321条以下のいわゆる伝聞例外に該当しない限り、これを証拠とすることはできない。

ここで、本件書面は、「被告人以外の者の供述を録取した書面で供述者の署名若しくは押印のあるもの」（321条１項）であり、「検察官の面前における供述を録取した書面」であるから、321条１項２号に掲げる要件を充たせば、例外的に証拠能力が認められる。

本問では、Ｖは死亡して「公判期日において供述することができ」ないから、本件書面は321条１項２号により、証拠能力が認められる。

小問２　Ｖは、入院中の病院で取調べに当たった検察官Ｐに対して、「私を包丁で刺したのはＡです」と述べ、Ｐはその旨の供述調書を作成した。Ｖは、Ｐから調書を読み聞かされ、内容に間違いがないと述べたが、怪我の影響で自ら署名ができないため、付き添っていた妻ＦがＶ名で代書し、Ｆが

Ｖの印鑑を押印した。Ｖは上記調書が作成された後死亡した。
（検察官の立証趣旨は、「Ａが包丁でＶを刺したこと（被害状況）」とされている。）

本件書面には、「供述者の署名」はないが、その押印はなされており、署名も、Ｖが自ら署名できないのでＦが代書したというのであって、同書面にＦが怪我の影響でＶが署名することができないことを記載して署名押印してあれば（規則61条）、「供述者の署名若しくは押印」があるものといえる。

本問において、Ｖは死亡しており、「公判期日において供述することができ[ない]」から、本件書面は321条１項２号により証拠能力が認められる。

小問３　Ｖは、入院中の病院で取調べに当たった検察官Ｐに対して、「私を包丁で刺したのはＡです」と述べ、Ｐはその旨の供述調書を作成したが、Ｖは、調書に署名・押印することは拒否した。Ｖは上記調書が作成された後、死亡した。
（検察官の立証趣旨は、「Ａが包丁でＶを刺したこと（被害状況）」とされている。）

本件書面は、供述録取書であるところ、「供述者の署名若しくは押印」がないのであるから、321条１項２号を適用する余地はなく、伝聞法則（320条１項）により、証拠とすることができない。

４．321条１項３号

第321条　被告人以外の者が作成した供述書又はその者の供述を録取した書面で供述者の署名若しくは押印のあるものは、次に掲げる場合に限り、これを証拠とすることができる。
（省略）
三　前２号に掲げる書面以外の書面については、供述者が死亡、精神若しくは身体の故障、所在不明又は国外にいるため公判準備又は公判期日において供述することができず、且つ、その供述が犯罪事実の存否の証明に欠くことができないものであるとき。ただし、その供述が特に信用すべき情況の下にされたものであるときに限る。

（趣旨）

321条1項3号は、被告人以外の者が自分で作成した書面や、裁判官と検察官以外の者の面前でなした供述を録取した書面について規定する。供述録取書の録取者は、一般人であろうと警察官であろうと弁護士であろうと、扱いに差はない。被告人以外の者の供述が記載された書面について、一般型、基本型をなすものである。

本来、このような書面は伝聞証拠として証拠能力が否定されるのであり、供述者を公判廷において尋問するべきであるから、例外的に証拠能力を認める場合も極めて限定され、厳格な要件が規定されている。

具体的には、①「供述者が死亡、精神若しくは身体の故障、所在不明又は国外にいるため公判準備又は公判期日において供述することができず」（供述不能要件）、②「その供述が犯罪事実の存否の証明に欠くことができないものであるとき」（不可欠性の要件[41)]）、③「その供述が特に信用すべき情況の下にされたものであるとき」（絶対的特信情況の要件）の3つの要件が、すべてそろった場合に限り、証拠能力が認められる。

絶対的特信情況は、供述時の外部的付随事情[42)]を意味するが、相対的ではなく、絶対的な事情でなければならない。事件に関係なく作成された日記、契約書等、作成時の状況が一般に真実を記載することが通常であるといえる場合である。

設問4　検察官Pが証拠調べ請求をした次の各書面等について、証拠能力が認められるか、根拠となる条文を明示して論じなさい（必要に応じ適宜場合分けをして論じること）。

事例1　AはVを包丁で刺して殺害したとして、殺人の容疑で逮捕・勾留され、起訴された。Aは捜査段階では被疑事実を認めていたが、公判では否認に転じた。Wは、たまたま犯行現場を通りかかり、Aが包丁でVの腹部を刺して殺害する現場を目撃していた。

公判で、Aは犯行を否認しており、Wの目撃供述以外、Aの犯行を裏付

41）　不可欠性の要件につき、裁判例は「その供述が、これが事実の証明につき実質的に必要と認められる場合のことをいうものと解するのを相当とする」（東京高判昭和29年7月24日高刑集7巻7号1105頁）として、厳格に解していない。

42）　外部的事情を推知させる資料として、副次的に供述内容を参酌することは許される（最判昭和30年1月11日刑集9巻1号14頁）。

けるべき証拠は見当たらない。
検察官Pは、次の各書面について、証拠調べ請求をしたが、弁護人はいずれも不同意との意見を述べた。

小問1 Vの遺族である息子Gは、Aに対する告訴状を警察に提出した。告訴状には、Gの厳しい処罰感情が記載されている。検察官Pは、被害者遺族の処罰感情を立証趣旨として、上記告訴状を証拠調べ請求した。

Gの告訴状[43)]は、「被告人以外の者」が作成した「供述書」に他ならないので、321条1項3号の要件を充たさない限り、証拠とすることができない。

小問2 Wは、犯行を目撃した直後に、自ら進んで「私が見たこと」という書面を作成し、自ら警察署に赴いてこれを提出した。Wは、その後、警察や検察庁で取調べに応じる予定であったが、その前に死亡してしまった。

Wの作成した書面は、「被告人以外の者」の「供述書」であり、321条1項3号の要件を充たさない限り、証拠とすることができない。そこで、同書面が同号の要件を充たすか、検討する。

Wは死亡しているので、「公判期日において供述することができ[ない]」。

Wの供述以外にAの犯行を裏付ける証拠は見当たらないので、Wの供述はAの「犯罪事実の存否の証明に欠くことができないもの」である。

Wは特段の利害関係もないのに自ら進んで上記書面を作成し、これを自ら警察署に赴いて提出したというのであって、「特に信用すべき情況の下に作成されたもの」ということができる。

したがって、本件書面は、321条1項3号により証拠とすることができる。

小問3 Wは、犯行を目撃した直後、自ら進んで交番に行き、進んで目撃状況を供述し、これを録取した警察官面前調書についても、内容を確認した上で署名・押印した。Wは、その後、検察庁でも取調べに応じる予定であったが、その前に死亡してしまった。

---

43) ただし、告訴がなされたかどうかが争点となるような場合、適法な告訴がなされたことを立証するために告訴状を取り調べる場合は、当該告訴状の存在自体が要証事実となり、非伝聞として扱うことになろう。

Wの警察官面前調書は、「被告人以外の者」の「供述を録取した書面」であり、裁判官や検察官の面前でなされたものではないから、321条1項3号の要件を充たさない限り、証拠とすることができない。そこで、同書面が同号の要件を充たすか、検討する。

Wは死亡しているので、「公判期日において供述することができ[ない]」。

Wの供述以外にAの犯行を裏付ける証拠は見当たらないので、Wの供述はAの「犯罪事実の存否の証明に欠くことができないもの」である。

Wは特段の利害関係もないのに自ら進んで警察に出頭して取調べに応じ、供述をなしたのであって、「特に信用すべき情況の下に供述がなされたもの」ということができる[44]。

したがって、本件書面は、321条1項3号により証拠とすることができる。

小問4 Wは美大の学生であった。Wは、犯行を目撃した直後、とっさに、その場で、持参していたスケッチブックに犯行の様子や犯人の面相（似顔絵）を絵に描きとめた。Wは、後に、この絵に署名・押印した上で、警察に提出した。

検察官Pは、この絵を、「AがVを殺害したこと、その状況」を立証趣旨として証拠調べ請求した。

絵画は一般に「書面」とは言えないが、Wが描きとめた絵画は、Wが目撃した犯行状況や犯人の外貌を、W自身がその記憶に従って復元したものであり、その描かれた内容をもって「AがVを殺害したこと、その状況」（立証趣旨）を立証しようというものであるから、その実質は「供述書」に他ならない。

したがって、本件絵画は、321条1項3号の要件を充たさない限り、証拠とすることができない。

事例2 Aは被害者Vを包丁で刺して殺害したとして、殺人の容疑で逮捕・勾留された。Aは捜査段階では被疑事実を認めていたが、公判では否認に転じた。なお、Vは即死ではなく、刺された後もしばらくは生存していたが、後に死亡した。また、Vの供述以外にAの犯行を裏付ける証拠は見当たらない。

44） 大阪高判昭和26年2月24日裁特23号34頁。

小問１　Ｖは、死亡する以前に、「私が被害にあったこと」と題する手書きの書面を書いて、警察に提出していた。この書面には、「私を包丁で刺したのはＡです」との記載があるが、署名はなく、押印も指印もなされていない。Ｖは上記書面作成後に死亡した。

（検察官Ｐの立証趣旨は、「Ａが包丁でＶを刺したこと（被害状況）」とされている。）

本件書面は、Ｖが自ら作成した書面であって、「被告人以外の者が作成した供述書」（321条１項）に当たり、同条１項１号、２号に掲げる書面以外の書面であるから、同項３号の要件を充たせば、例外的に証拠能力が認められる。

本問では、Ｖは死亡しており、「公判期日において供述することができ[ない]」。また、Ａは犯行を否認しており、設問には本書面以外にＡの犯行を裏付ける証拠資料の存在は窺えないから、「供述が犯罪事実の存否の証明に欠くことができないものであるとき」ということができる。

そして、死に直面していたＶにおいて敢えて虚偽の事実を供述書に書き遺す理由はないから、本件書面は、「特に信用すべき情況の下に」作成されたものということができる。

したがって、本件書面は321条１項３号により、証拠能力が認められる。

小問２　Ｖは、死亡する以前に、被害届を作成し、警察に提出していた。被害届には「私を包丁で刺したのはＡです」との記載があり、Ｖの署名・押印もされている。Ｖは被害届の作成後、しばらくして死亡した。

（検察官Ｐの立証趣旨は、「Ａが包丁でＶを刺したこと（被害状況）」とされている。）

小問１と同じ（なお、いずれも「供述書」であるので、署名・押印の有無は問われない）。

小問３　Ｖは、死亡する以前に、自ら進んでICレコーダーに被害状況を録音していた。録音された供述の中には、「私を包丁で刺したのはＡです」との供述があった。ICレコーダーの音声は、他に採取された生前のＶの音声と完全に声紋が一致している。Ｖはこの録音ののち、しばらくして死亡した。

検察官Ｐは、公判でICレコーダーの音声を再生する方法でその取調べを求めた。

（Pの立証趣旨は、「Aが包丁でVを刺したこと（被害状況）」とされている。）

ア　本件ICレコーダーの供述録音の性質等について

まず、本件ICレコーダーに録音された「私を包丁で刺したのはAです」との供述録音は、書面ではなく録音データであるが、「公判期日における供述に代［わる］書面」（320条1項）と本質的には同じであるから、供述録取書と同様に取り扱う必要がある。

次に、本問における検察官の立証趣旨は、「Aが包丁でVを刺したこと（被害状況）」とされていることから、「私を包丁で刺したのはAです」とのVの供述内容の真実性が問題となるため、321条以下の伝聞例外に該当しない限り、これを証拠とすることはできない。

ここに、本件供述録音は、Vという「被告人以外の者」（321条1項）の供述録音であり、同条1項1号、2号に該当しない供述録音であるから、同項3号の要件を充たせば、例外的に証拠能力が認められる。

イ　321条1項3号の要件検討

まず、321条1項柱書の要件であるが、録音データの音声は、機械的に録音された音声であることから、供述録取書とは異なり、録取過程に誤りが入り込む余地はなく、録取過程の正確性が担保されているため、署名・押印は不要である。

次に、同項3号自体の要件であるが、本問では、Vは死亡しており、「公判期日において供述することができ［ない］」。また、Aは犯行を否認しており、本件供述録音以外にAの犯行を裏付ける証拠資料の存在は窺えないから、「供述が犯罪事実の存否の証明に欠くことができないものであるとき」ということができる。

そして、死に直面していたVにおいてあえて虚偽の事実を録音して遺す理由はないから、本件供述録音は、「特に信用すべき情況の下に」作成されたものということができる。

したがって、本件供述録音は321条1項3号により、証拠能力が認められる。

小問4　Vは、入院中の病院で取調べに当たった警察官[45]Kに対して、「私

45）　裁判官（321条1項1号）や検察官（同項2号）の場合とは異なり、単に警察官の面前で供述をしたというだけでは、伝聞例外の要件は緩和されない。つまり、警察官も他の一般人も変わりなく、面前調書は同3号の厳しい要件を充たさない限り伝聞例外として扱われることはない。このため、検察官は、被害者や目撃者など重要な第三者の供述については、警察官面前調書とは別に必ず検察官面前調書を作成するのである。

を包丁で刺したのはAです」と述べ、Kはその旨の供述調書を作成した。Vは、Kから調書を読み聞かされた上で、調書に署名・押印した。Vは上記調書が作成された後死亡した。
（検察官Pの立証趣旨は、「Aが包丁でVを刺したこと（被害状況）」とされている。）

本件書面は、「被告人以外の者の供述を録取した書面で供述者の署名若しくは押印のあるもの」（321条1項）であり、同条1項1号、2号に掲げる書面以外の書面であるから、同項3号の要件を充たせば、例外的に証拠能力が認められる。

本問では、Vは死亡しており、「公判期日において供述することができ［ない］」。また、Aは犯行を否認しており、本件書面以外にAの犯行を裏付ける証拠資料の存在は窺えないから、「供述が犯罪事実の存否の証明に欠くことができないものであるとき」ということができる。

そして、死に至る可能性のある入院中のVにおいて、あえて虚偽の供述をする理由はないから、本件書面は、「特に信用すべき情況の下に」作成されたものということができる。

したがって、本件書面は、321条1項3号により、証拠能力が認められる。

小問5　Vは、入院中の病院で、死の直前、自分の息子Gに対して被害状況を話し、「私を包丁で刺したのはAだ」と述べた。Gはその内容を逐一書き取って書面にしたが、Vは署名・押印していない。
（検察官Pの立証趣旨は、「Aが包丁でVを刺したこと（被害状況）」とされている。）

本件書面はVの署名・押印がないため、321条1項の供述録取書の要件を充たさず、証拠能力は認められない。供述者であるVの署名または押印による録取内容の正確性の承認がないことから、録取の正確性が保障されず、録取者を介するという点の伝聞性が除かれないからである[46)]。

---

46)　本問のように、供述者において署名等ができないことに正当な理由がある場合、すなわち、身体の障害、負傷、文字の読み書きができないなどの場合において、署名等を欠くときであっても、他の事情から録取の正確性が担保されるときに、署名または押印があるものと同一視できるかという問題があり、これを肯定する高裁判例がある（福岡高判昭和29年5月7日高刑集7巻5号680頁）。しかし、本問のようなケースでは、録取者である息子Gを尋問し、被害者Vが死亡直前に「私を包丁で刺したのはAだ」との発言を、（再）伝聞供述（324条2項、321条1項3号）として取り扱うのが通常であると思われる。

5. 321条2項

> **第321条**　被告人以外の者が作成した供述書又はその者の供述を録取した書面で供述者の署名若しくは押印のあるものは、次に掲げる場合に限り、これを証拠とすることができる。
> （省略）
> **2**　被告人以外の者の公判準備[47]若しくは公判期日における供述を録取した書面[48]又は裁判所若しくは裁判官の検証の結果を記載した書面は、前項の規定にかかわらず、これを証拠とすることができる。

（趣旨）

321条2項は、前段で、被告人以外の者の公判準備または公判期日における供述を録取した書面について、後段で、裁判所もしくは裁判官の検証の結果を記載した書面について、いずれも無条件で証拠能力を認めている。

被告人以外の者が公判で証言をした場合、証言そのものが証拠となり、これを録取した公判調書が証拠となるわけではない。しかし、公判中に裁判官が転勤などで交代した場合、交代後の裁判官は直接証言を聞いていないので、証人尋問調書を見て判断をするしかない。このため、裁判官の交代があったときは、弁論の更新を行い、証人尋問調書を証拠として用いることになる。321条2項前段は、他に、破棄差戻しや移送があった後などに従前の尋問調書を用いる場合が想定されている。これらの場合、供述は裁判官の面前でなされている上、供述の際に当事者が立会い、尋問の機会が保障されていることから、無条件で証拠能力が認められる。

321条2項後段は、受命裁判官、受託裁判官による検証（142条、125条）、証拠保全の検証（179条）が想定されている。これらの場合、当事者に立会権が与えられていて（142条、113条）、その観察を正確にすることができるため、反対尋問に相当するテストの機会があったものと認められることから、無条件で証拠能力が認められる。

47）公判準備における供述を録取した書面とは、たとえば、証人、鑑定人等を公判期日外で尋問した場合（281条、158条）に作成された（規則38条、52条の2）証人尋問調書等である。

48）公判期日における供述を録取した書面とは、公判手続の更新、破棄差戻し、移送の際の従前の手続における公判調書中の供述部分等である。

設問5　検察官Ｐが証拠調べ請求をした次の各書面等について、証拠能力が認められるか、根拠となる条文を明示して論じなさい（必要に応じ、適宜場合分けをして論じること）。

事例　Ａは、Ｂと共同してＶに暴行を加え、怪我をさせたとして、傷害で起訴されている（ＡとＢの公判は分離されている）。Ｗは暴行の現場を目撃しており、その状況を捜査段階から供述し、公判でも証言をしたが、ＡもＢも、Ｗの供述通りであれば、現場は暗すぎて暴行の様子は見えなかったはずであると主張している。

Ｂの公判は、Ａの公判よりも先行しており、裁判所は、Ｂの公判において、Ｗの証人尋問を行い、また、暴行現場の検証を実施し、Ｗの供述を前提とした暴行現場の視認状況を取り調べた。

小問1　Ａの公判において、検察官Ｐは、Ｂの裁判におけるＷの証人尋問調書の取調べを請求した。なお、Ｗの証人尋問調書にはＷの署名・押印があるものとする。

⑴　Ｗの証人尋問調書は、他事件のＢの公判における証人尋問調書であるところ、他事件の証人尋問調書は321条２項の「公判期日における供述を録取した書面」に含まれるか。

321条２項書面に無条件で証拠能力が認められている趣旨は、321条２項該当書面には、当事者の立会権、尋問権が与えられていることから（157条、158条、304条）、反対尋問権の保障という観点を考慮する必要がないからである。

他事件における証人尋問には、立会権、尋問権が保障されておらず、上記趣旨が当てはまらないから、他事件における証人尋問調書は、321条２項書面には該当しない。

したがって、Ｗの証人尋問調書は、321条２項により証拠能力は認められない。

⑵　もっとも、Ｗの証人尋問調書は、他事件であるＢの公判において裁判官の面前における供述を録取した書面（321条１項１号）でもあることから、他事件の証人尋問調書が、裁判官面前調書に含まれるか問題となる。

裁判官面前調書に信用性の要件なく必要性の要件のみで証拠能力が認められる趣旨は、裁判官面前調書が、公平な立場にある裁判官の面前でなされた供述を録取した書面であること自体に高度の信用性が認められるからである。

かかる趣旨は、他事件の証人尋問調書であっても異ならないから、他事件の証人尋問調書は、321条1項1号書面に含まれると解する。

よって、本件Wの証人尋問調書は、321条1項1号の要件を充たせば、同号により、証拠能力が認められる。

> **小問2**　Aの公判において、検察官Pは、Bの裁判における検証調書の取調べを請求した。

本問において、証拠調べ請求された検証調書は、Bの裁判という他事件の検証調書であることから、当事者の立会権（142条、113条）の保障がない。そこで、当事者の立会権の保障がない他事件の検証調書が、321条2項の「裁判官の検証の結果を記載した書面」に該当するか問題となる。

裁判官による検証に際しては、当事者に立会権が与えられており、これにより裁判所または裁判官に必要な説明を行い、注意喚起することによって、その観察を正確にすることができるため、反対尋問に相当するテストの機会があったものと同視することができるから、321条により無条件に証拠能力が付与されるのであって、立会権の保障のない他事件の検証調書は含まれないと解する[49]。

したがって、Bの裁判における検証調書は321条2項後段の書面として、証拠能力が認められない。

もっとも、裁判官による検証は、捜査機関の検証（321条3項）以上に、検証結果に客観性・正確性が認められるから、321条3項（後述**6**参照）が類推適用されると解する。

よって、321条3項所定の要件を充たせば、Bの裁判における検証調書にも証拠能力が認められる[50]。

---

49)　しかしながら、裁判官による検証は、捜査機関の検証（321条3項）と異なり、検証結果に高度の信用性が認められる点にその主眼があることから、当事者の立会権の有無にかかわらず、321条2項により証拠能力を認めることができると解する見解もある（講義案296頁）。

50)　条解941頁。

6．321条3項

（省略）

3　検察官、検察事務官又は司法警察職員の検証[51]の結果を記載した書面は、その供述者[52]が公判期日において証人として尋問を受け、その真正に作成されたものであることを供述[53]したときは、第1項の規定にかかわらず、これを証拠とすることができる。

321条3項は、捜査機関の検証調書について、比較的緩やかな要件の下で、伝聞例外として証拠能力を認める。本来、捜査機関の作成した書面は、被告人以外の者が作成した書面であるから、321条1項3号の要件を充たさなければ証拠とはならないが、検察官、検察事務官または司法警察職員が作成した書面の中で、検証の結果を記載した書面だけは、作成した捜査官が公判で「真正に作成」したと供述をするだけで証拠能力が認められる。

検証とは、五官の作用により事物の存在状態等を観察して認識することである。たとえば、過失運転致死罪など、交通事故に関わる事案において、加害者を立ち会わせ、どこで相手を発見したか、どこでブレーキを踏んだか、どこで衝突したのか、というようにいくつかの地点を特定させ、各地点の場所を記録するということが行われる（いわゆる実況見分[54]）。このように、場所の位置関係や物の形状などを観察した結果を証拠にしようという場合、観察した人が、口頭で、「A地点というのは、交差点の南東の角に信号機がありまして、そこから北西273度の方向に153 cmのところでして、次にB地点というのは…」などと説明されても、とても理解できるものではない。それよりも、観察者が見たままを直ちに書面や図面、写真などに記載、記録したものの方がより実態を把握しやすい。つまり、検証の結果は、口頭によるものよりも、書面による報告に馴染みやすいのである。また、検証は、人が見聞きした過去の出来事を記憶を想起して語るというものではなく、物の形状や位置関係といった客観的な対象を観察し、記録するものであり、専門家が見たとおり測ったとおり正確に記録したものであれば、見間違い、

51）　検証とは、五官の作用により事物の存在状態等を観察して認識する強制処分をいう。ただし、任意処分としての実況見分も、これに含まれると解されている（最判昭和35年9月8日刑集14巻11号1437頁）。

52）　その供述者とは検証調書等の作成者をいう。立会人のことではないことに注意を要する。

53）「真正に作成されたものであることを供述」の内容には、間違いなく自分が作成したという供述（作成名義の真正）と、検証したところを正しく記載したという供述（記載内容の真正）を含む。

54）　検証許可状を得ずに任意に行われるという点を除けば、実態は検証に他ならない。一般には、現場検証などとよばれることがある。

記憶違いといった観察者の主観的な誤りを生じる余地は少ない。

このため、こうした書面は、書面を作成した者が後に法廷で、書面は客観的な対象を見たとおり測ったとおり正確に記載されたものであること、すなわち「真正に作成された」ことを証言することによって証拠能力が認められるのである。

(1) 実況見分調書

設問6 Ａは、交差点において赤色信号を殊更に無視し、かつ、重大な交通の危険を生じさせる速度で自動車を運転し、通行人を死亡させたとして、危険運転致死罪で起訴された。公判において、検察官Ｐは、事故を目撃したＷを現場に立ち会わせて実施した実況見分の結果を記載した司法警察職員作成の実況見分調書の証拠調べを請求したところ、Ａの弁護人Ｌは、「不同意」との意見を述べた。

その実況見分調書には、(1) 道路の幅員、信号機の位置等交差点の状況、(2) Ｗが指示した自動車と被害者の衝突地点、(3) Ａの自動車が猛スピードで赤色信号を無視して交差点に進入してきた旨のＷの供述、が記載されていた。

裁判所は、この実況見分調書を証拠として取り調べることができるか[55)]。

ア 道路の幅員、信号機の位置等交差点の状況の記載について

本件実況見分調書のうち、道路の幅員、信号機の位置等交差点の状況の記載は、「司法警察職員」が、五官の作用により、事物の存在状態等を観察して認識した結果を書面に記載したものであり、「検証の結果を記載した書面」(321条3項) に他ならない。

また、任意処分としての検証の結果を記載した実況見分調書であっても、書面の性質としては、強制処分としての検証の結果を記載した検証調書と全く同じであると解されるから、実況見分調書も、321条3項の書面に含まれる。

したがって、本件実況見分調書のうち、道路の幅員、信号機の位置等交差点の状況の記載については、実況見分調書の作成者である司法警察職員が、公判期日において証人として尋問を受け、間違いなく自分が作成したという供述（作成名義の真正）および検証したところを正しく記載したという供述（記載内容の真正）をしたときは (321条3項)、裁判所は、証拠として取り調べることができる。

---

55) 旧司法試験平成18年第2問参照。

様式第11号

現場の見分状況書

<table>
<tr><td>作成日</td><td>令和　　年　　月　　日</td><td>見分者</td><td colspan="3">司法 警察員巡査部長　　　　　　　　　㊞</td></tr>
<tr><td>見分日時</td><td>令和　　年　　月　　日</td><td colspan="4">午前
午後　　時　　分から午前
午後　　時　　分までの間（天候　晴れ　　　）</td></tr>
<tr><td>発生日時</td><td>令和　　年　　月　　日</td><td colspan="4">午前
午後　　時　　分頃（天候　晴れ　　　）</td></tr>
<tr><td>発生(見分)場所</td><td colspan="5">神奈川県　　　　　　　　　　　　先路上(道路名　一般市道　　　　　　　)</td></tr>
</table>

<table>
<tr><td rowspan="2">路面</td><td rowspan="2">乾燥
(アスファルト)</td><td rowspan="2">照明</td><td rowspan="2"></td><td rowspan="2">規制</td><td>(甲)の道路</td><td>最高速度 30 Km　駐車禁止　一時停止</td><td rowspan="2">信号機</td><td rowspan="2">なし</td></tr>
<tr><td>(乙)の道路</td><td>最高速度 30 Km　駐車禁止</td></tr>
</table>

<table>
<tr><td rowspan="2">見通し</td><td>甲 左方(不良)</td><td rowspan="2">測定距離</td><td>～　　m　～　　m　～　　m　～　　m</td></tr>
<tr><td>乙 右方(不良)</td><td>～　　m　～　　m　～　　m　～　　m</td></tr>
<tr><td rowspan="2">勾配</td><td>甲　平坦</td><td>スリップ痕</td><td>m　　m　　m　　m</td></tr>
<tr><td>乙　平坦</td><td>立会人</td><td>甲　　　　　　　　乙</td></tr>
</table>

指示説明		前方に気を取られて発進した地点	最初に相手を発見した地点	危険を感じた地点	ブレーキをかけた地点	衝突地点	停止転倒地点	一時停止後発進した地点	再度一時停止後に発進した地点
立会人 甲		②	③　⊗		③　⊗	③　⊗	④　⊗	①	②
立会人 乙						⊗	⊗		

方位　　凡例　①②③～（甲）の進路　㋐㋑㋒～（乙）の進路　ⒶⒷⒸ～　　の進路

別紙交通事故現場見取図記載のとおり

見取図

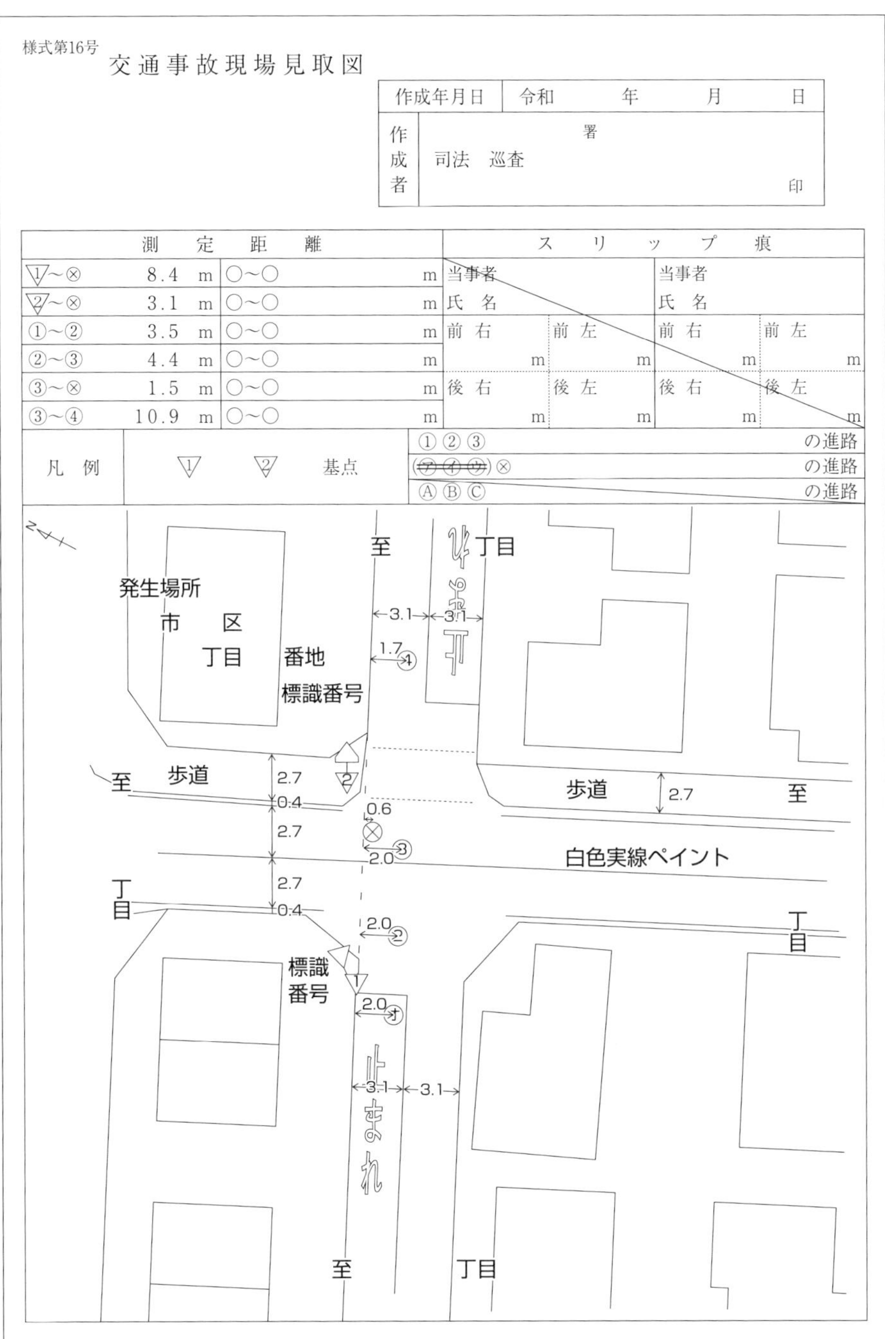

様式第16号

交通事故現場見取図

作成年月日	令和　　年　　月　　日
作成者	署 司法　巡査 印

測定距離				スリップ痕			
▽1～⊗	8.4 m	○～○	m	当事者		当事者	
▽2～⊗	3.1 m	○～○	m	氏名		氏名	
①～②	3.5 m	○～○	m	前右	前左	前右	前左
②～③	4.4 m	○～○	m	m	m	m	m
③～⊗	1.5 m	○～○	m	後右	後左	後右	後左
③～④	10.9 m	○～○	m	m	m	m	m

凡例	▽1　▽2　基点	①②③ の進路
		(㋐㋑㋒)⊗ の進路
		ⒶⒷⒸ の進路

イ　Wが指示した自動車と被害者の衝突地点の記載について

本件実況見分調書のうち、Wが指示した自動車と被害者の衝突地点の記載部分は、実況見分の手段の1つとして、目的物その他の状態を任意に指示説明させた、いわゆる現場指示の結果の記載に過ぎないのであって、取調べにより供述を録取することとは性質を明らかに異にする。

したがって、本件実況見分調書のうち、Wが指示した自動車と被害者の衝突地点の記載部分も、「検証の結果を記載した書面」(321条3項)として、実況見分調書の作成者である司法警察職員が、公判期日において証人として尋問を受け、間違いなく自分が作成したという供述(作成名義の真正)および検証したところを正しく記載したという供述(記載内容の真正)をしたときは(321条3項)、裁判所は、証拠として取り調べることができる。

なお、上記のとおり、Wの現場指示の記載は、供述録取の性質を有していないから、Wの現場指示部分にWの署名または押印は不要である。

ウ　Aの自動車が猛スピードで赤色信号を無視して交差点に進入してきた旨のWの供述の記載について

本件実況見分調書のうち、Aの自動車が猛スピードで赤色信号を無視して交差点に進入してきた旨のWの供述は、まさにWの目撃供述であり、実況見分の結果として現場の状況等を要証事実とするものではなく、その実質は、危険運転致死罪における「交差点において赤色信号を殊更に無視し、かつ、重大な交通の危険を生じさせる速度で自動車を運転し」た、という犯罪事実の存在を要証事実とする現場供述である。それ自体が独立した伝聞証拠なので、原則として証拠能力が認められない(320条1項)。

そうすると、本件実況見分調書のうち、Aの自動車が猛スピードで赤色信号を無視して交差点に進入してきた旨のWの現場供述部分は、捜査機関が作成した供述録取書に他ならないから、321条1項3号の要件を充たさない限り証拠能力は認められない。

ここに、実況見分調書の場合、立会人の署名または押印を欠くのが一般であるから、上記Wの現場供述は、321条1項柱書の要件を充たさず、裁判所は、本件実況見分調書のうち、Aの自動車が猛スピードで赤色信号を無視して交差点に進入してきた旨のWの現場供述部分を証拠として取り調べることはできない。

エ　結論

以上から、本件実況見分調書については、Wの現場供述部分を除いて証拠として取り調べることができる[56)]。

(2) 写真撮影報告書—再現写真・被害者

写真撮影報告書は、犯行に用いられた凶器の形状や交通事故の現場の状況、受傷後の被害者の怪我の様子など、様々な物や場所等の状況を客観的に記録するものとして広く利用されている。

一般に、これらは捜査官が五官の作用により見聞した結果を撮影し印画したものであって、検証の結果を記載したものとして、321条3項の適用を受ける。しかし、立会人が捜査官の前で、供述に代えて自己の身体などを用いて犯行や被害の様子を再現して見せ、その様子を撮影した写真を添付して写真撮影報告書とするような場合、これらの写真は、形式的には検証の結果であるとしても、実質的には立会人の供述を録取した書面であるといわなければならず、別途伝聞性を検討しなければならない。

設問7 AはVを包丁で刺して殺害したとして、殺人の容疑で逮捕・勾留された。Aは捜査段階では被疑事実を認めていたが、公判では否認に転じた。なお、Vは即死ではなく、刺された後もしばらくは生存していたが、後に死亡したものとする。また、Vの供述以外にAの犯行を裏付ける証拠は見当たらないものとする。

Vは、警察官Kの取調べの際、自ら「こうやってAに刺されたんですよ」と言いながら、Kの前で、Aから包丁で刺された様子を再現して見せた。Kが、「写真に撮ってもいいか」というと「いいですよ」というので、Kは、改めてVに被害状況を再現させ、その状況を写真に撮影した。Kは、撮影の状況、経緯に関する説明を付した上で、これらの写真を「写真撮影報告書」にまとめた。なお、同書面には、Vの署名・押印は一切なされていない。Vは上記報告書が作成された後死亡した。

(検察官Pの立証趣旨は、「Aが包丁でVを刺したこと(被害状況)」とされている。)

上記写真撮影報告書に証拠能力が認められるか。

本件写真撮影報告書は、Kが見分した状況が撮影された写真を添付し、上記状況の様子を客観的に再現したものであって、任意処分ではあるものの、「検証の結

---

56) 実際は、検察官が抄本を作成して提出する。

供述調書等継続用紙

被害者写真撮影報告書

令和　　年　　月　　日

警視庁　　　警察署長

司法警察員　警視正　　　　　　　殿

警視庁　　　警察署

司法警察員警部補

被疑者　　　　に対する傷害被疑事件につき、被害者　　　　を写真撮影し

たので報告する。

記

1　撮影月日

令和　　年　　月　　日

2　撮影場所

当署刑事組織犯罪対策課　○○調室

3　撮影者

本職

4　被撮影者

年　　月　　日生（　　歳）

5　目的

本件被害者及び負傷部位を特定するため。

6　措置

本職が撮影した写真 10 葉を本報告書末尾に添付する。

警　　視　　庁

上記は抄本である

令和　　　年　　　月　　　日

地方検察庁　　　検察事務官

果」を記載した書面というべきであるから、Kが公判廷においてその真正に作成した旨を証言すれば証拠能力が認められるはずである（321条3項）。

もっとも、同報告書中、上記写真は、事物の客観的な状況等を再現しようとするものではなく、Vが自己の記憶に従って自らの身体をもって被害状況を撮影して再現したものであり、検察官PもVが再現した状況が真実であるものとして、これを被害状況の立証に用いようとしているのである。そうすると、上記写真は「検証の結果」ということはできず、Vの「供述を録取」したものとして、別途伝聞法則（320条1項）の適用を受けることになり、321条1項3号の要件を充たさない限り、これを証拠とすることができない。

なお、供述者V自身が再現をしている状況が撮影されているのであるから、「録取」が「供述」どおりになされていることは写真自体から明らかなので、署名・押印がないことは上記結論に影響しない。

(3) 写真撮影報告書─再現写真・被告人本人

設問8　AはVを包丁で刺して殺害したとして、殺人の容疑で逮捕・勾留された。Aは捜査段階では被疑事実を認めていたが、公判では否認に転じた。

Aは、警察官Kの取調べの際、自ら進んで「こうやってVを刺したんですよ」と言いながら、Kの前で、Vを包丁で刺した様子を再現して見せた。Kが、「写真に撮ってもいいか」と問うと「いいですよ」と言うので、Kは、改めてAに犯行状況を再現させ、その様子を写真に撮影した。Kは、撮影の状況、経緯に関する説明を付した上で、これらの写真を「写真撮影報告書」にまとめた。説明部分には「立会人Aは、『私は、こうやってVを刺した』旨説明してその体勢を再現したので、Kにおいてこれを撮影した」との記載がある。

なお、同書面には、Aの署名・押印は一切なされていない。

検察官Pの立証趣旨が、「AがVを殺害したこと（犯行状況）」とされている場合と、「Aが犯行状況を再現したこと（犯行再現状況）」とされている場合とに分け、それぞれ同書面の証拠能力を論じなさい。

本件写真撮影報告書は、Kが見分した状況が撮影された写真を添付し、上記状況の様子を客観的に再現したものであって、任意処分ではあるものの、「検証の結果を記載した書面」というべきであるから、Kが公判廷においてその真正に作成した旨を証言すれば証拠能力が認められるはずである（321条3項）。

もっとも、同報告書中、上記写真は、事物の客観的な状況等を再現しようとするものではなく、Aが自己の記憶に従って自らの身体をもって被害状況を撮影して再現したものであり、Pが「AがVを殺害したこと（犯行状況）」を立証趣旨とする場合、上記写真はVが再現した状況が真実であるものとして、これを犯行状況の立証に用いようとしているのである。そうすると、上記写真は、「検証の結果」ということはできず、Aの「供述を録取」したものとして、別途伝聞法則（320条1項）の適用を受けることになり、322条1項（後述**9**参照）所定の要件を充たさない限り、これを証拠とすることができない。なお、供述者A自身が再現をしている状況が撮影されていることから、「録取」が「供述」どおりになされていることは写真自体から明らかなので、署名・押印がないことは上記結論に影響しない。

仮に、Pが立証趣旨を「Aが犯行状況を再現したこと（犯行再現状況）」と措定したとしても、Aが再現をしたことそれ自体には証拠としての価値はなく、上記写真の要証事実がAが再現した行為の内容であることに変わりはなく、上記結論に違いはない。

(4) 酒気帯び鑑識カード

設問9　次の酒気帯び鑑識カードについて、証拠能力が認められるか。

被疑者の氏名・年令欄の被疑者の氏名・年令の記載、「化学判定」欄における飲酒検知管の検査結果の記載、また、被疑者の外部的状態に関する記載の各部分は、巡査が、被疑者の酒酔いの程度を判断するための資料として、被疑者の状態につき検査、観察により認識した結果を記載したものであるから、321条3項にいう「検証の結果を記載した書面」に当たる。また、「外観による判定」欄の記載も、巡査が被疑者の外部的状態を観察した結果を記載したものであるから、同様に検証の結果を記載したものと認められる。

他方、被疑者との問答の記載のある欄[57)]は、巡査が所定の項目につき質問をしてこれに対する被疑者の応答を記載したものであり、検証の結果を記載したものということはできない。また、「飲酒日時」および「飲酒動機」の両欄の記載は、以上の調査の際に巡査が聴取した事項の報告であって、検証の結果の記載ではな

57）　最判昭和47年6月2日刑集26巻5号317頁。

（酒　酔　い）　（整理番号　号）

鑑識カード

酒　気　帯　び

被疑者氏名	甲山　甲太郎	年令	３４　歳
化学判定	（呼　気）（検知管へ通した呼気量100mℓ） 検知管の示度　１．０　mg／ℓ 以上		
外観による判定	酒の臭気がして、体をふらふらさせている。		

名前は	甲山　甲太郎	誰と飲みましたか	会社の上司と飲んだ
年令は（生年月日は）	34才 1985年1月1日	どの位飲みましたか	日本酒　４合 ビール　２本
住所は	乙区丙町１－１－１	今日は何故飲みましたか	会社の上司の昇進祝い
職業は	会社員	今日は何日で今何時ですか	５月２日 午前１時過ぎ
何を飲みましたか	日本酒 ビール	何時から何時頃まで飲みましたか	午後8時から 終わりは覚えていない
どこで飲みましたか	居酒屋 スナック	車の所有者はだれですか	私の車です。

言　語	正常・大声・くどい・（しどろもどろ）・悪口雑言・（泣声） よくしゃべれない・よだれを流す・発生不能
歩行能力	正常・ふらつく・ふらふら歩き・（左右に大きく振れる）・四つんばい 転倒・歩行不能
直立能力	正常・左右にゆれる・（体がふらつく）・転倒・直立不能
酒　臭	無し又は普通・微か・弱い・（強い）
顔　色	普通・赤い顔・（青ざめた顔）
目の状態	普通・充血・（涙目）
毛髪の状態	普通・（乱れ髪）・もつれている・めちゃくちゃ
手の状態	普通・（震えている）・震えが目立つ・硬直
衣服の状態	普通・（乱れている）・破れている・着物を着ていない
態　度	普通・（腕を振る）・すぐ喧嘩になる・すぐなぐってくる・荒れ狂う
その他	
調査日時場所	令和元年５月２日　午前　１時２７分
調査者所属階級氏名印	神奈川県警横浜警察署巡査 K
事故事件の場合	飲酒日時　１日　午後８時００分より　日　時　分まで　飲酒動機　お祝いの席だったので、つい飲んでしまった。

く、以上の部分は、いずれも巡査作成の捜査報告書たる性質のものとして、321条1項3号の書面に当たるものと解するのが相当である[58)]。

(5) 弁護人作成の実況見分調書

設問 10 AはVを包丁で刺して殺害したとして、殺人罪で起訴されたが、犯行を否認している。Aの公判では、Wが、AがVを刺殺するのを目撃した旨を証言した。

Aの弁護人Lは、犯行現場に赴いたところ、Wが目撃状況を指示したという位置関係では、立木が邪魔になって、Wが犯行の様子を目撃することは不可能であることを突き止めた。そこで、Lは、事務員Sを立ち会わせ、Sの指示説明として、「ア地点からイ地点を視認したところ、立木（図面①）が邪魔になり、イ地点を見通すことができない」旨を記載した上、ア、イ、図面①の各地点を記載した見取り図を作成し、これを添付した実況見分調書を作成した。

Lは、公判において、上記私製の実況見分調書を「目撃者Wが犯行状況を目撃できた可能性が低いこと」を立証趣旨として証拠調べ請求した。

上記私製の実況見分調書について証拠能力が認められるか。

Lは本件調書を実況見分調書、すなわち任意になした「検証の結果を記載した書面」として321条3項により証拠調べ請求することが考えられるが、Lは「検察官、検察事務官又は司法警察職員」ではないから、同項を適用する余地はない[59)]。

7. 321条4項

（省略）

4 鑑定[60)]の経過及び結果を記載した書面で鑑定人の作成したものについても、前項と同様である。

---

58) 後藤昭「伝聞法則に強くなる」法学セミナー2018年9月（764）号103頁参照。

59) こうした場合、鑑定書に類する書類として、321条4項により証拠能力が認められるとの説もあるが、無理があろう。結局、弁護人Lとしては、立会人SないしL自身の証人尋問を請求すべきであろう。

60) 鑑定（広義）とは、特別の学識経験のある者（165条参照）に、その知識等に基づいて知ることのできる一定の法則、あるいはこれをある事項に適用して得られた具体的事実判断についての報告をさせることをいう。このうち、裁判所が、裁判上必要な知識経験の不足を補充する目的で、第三者に命じて新たに資料を調査させ、その結果を報告させるものを狭義の鑑定という（最判昭和28年2月19日刑集7巻2号305頁）。

321条4項は、「鑑定の経過及び結果を記載した書面で鑑定人の作成したもの」について規定する。

鑑定は特別の専門知識を有する学識者によって作成されるものであって類型的に一定の信頼性があり、また、検証調書同様、口頭よりも書面による報告の方が正確であることが多いため、鑑定人が法廷で鑑定書を真正に作成した旨を証言すれば証拠能力が認められるのである。

321条4項は作成主体を「鑑定人」と限定しており、裁判所または裁判官の命じた鑑定人が作成した書面を前提としていることが明らかであるが、捜査機関から鑑定の嘱託を受けたもの（鑑定受託者・223条1項）についても321条4項が準用される[61]。

設問11　Aは覚せい剤を使用したとして、覚せい剤取締法違反（使用罪）により起訴された。捜査段階で、検察官Pは、Aが任意提出した尿を科学捜査研究所に鑑定嘱託（223条）したところ、尿中から覚せい剤が検出され、科捜研はその旨の受託鑑定書を作成した。Pは、「被告人の尿から覚せい剤が検出されたこと」を立証趣旨として、上記受託鑑定書を証拠調べ請求したが、弁護人Lはこれに不同意との意見を述べた。

上記受託鑑定書について証拠能力が認められるか。

上記受託鑑定書は、裁判所が選任した鑑定人が作成した鑑定の経過および結果を記載した書面（321条4項）ではない。しかし、捜査機関によって嘱託された者の作成した書面であっても、特別の専門知識を有する学識者によって作成されるものであって類型的に一定の信頼性があること、そして、口頭よりも書面による報告の方が正確性の高いことは鑑定書と変わらないため、321条4項の準用により証拠能力が認められる。

設問12　Aは、Vを姦淫して死亡させたとして、強制性交等致死罪により起訴された。Aは、Vを暴行し、姦淫したことは認めているが、自分が加えた暴行程度では人が死ぬはずはないといって、暴行と死亡との因果関係を争っている。検察官Pは、Vを解剖した医師Dの作成した死亡診断書（Vの頭部に外傷と脳内出血があり、Vは頭部の外傷に起因する脳内出血によって死亡

61）　最判昭和28年10月15日刑集7巻10号1934頁。鑑定受託者の場合には宣誓の手続はなく当事者の立会権もない。

したものと思われる旨の記載がある）を、「Vは頭部への暴行によって死亡したこと」を立証趣旨として、証拠調べ請求した。

上記診断書について証拠能力が認められるか。

上記医師の診断書は、診断の結果のみが記載されており「鑑定の経過及び結果を記載した書面」（321条4項）ではないが、特別の専門知識を有する学識者によって作成されるものであって類型的に一定の信頼性があること、また、口頭よりも書面による報告の方が正確性の高いことは鑑定書と変わらないことから、321条4項の準用により証拠能力が認められる[62]。

設問13　Aは、自ら経営する店舗に放火し、保険金を詐取しようとしたとして非現住建造物放火および詐欺未遂で起訴された。Aは犯行を否認している。

検察官Pは、保険会社の委託を受けてW社が実施した燃焼実験報告書の証拠調べを請求したが、弁護人Lは同意しなかった。W社は、これまでに1000件以上火災原因の調査を行ってきた会社であり、実際に実験を担当した者は消防士として長年の勤務経験もあり、長期にわたって火災原因の調査、判定に携わってきた人物であった。

上記報告書について証拠能力が認められるか。

私人の作成した燃焼実験報告書は、五官の作用により事物の存在状態等を観察して認識した結果を記した書面であるので321条3項の書面に該当するかのように思えるが、321条3項の作成者が「検察官、検察事務官又は司法警察職員」と規定されていることおよびその趣旨から同項の準用により証拠能力を認めることはできない。

しかし、本件報告書は、長年の勤務経験がある消防士が実験を担当し、また1000件以上火災原因の調査を行ってきた会社により作成されているのであるから、鑑定書と同様に特別の専門知識を有する者によって作成されるものであり類型的に一定の信頼性が認められる。そして、口頭よりも書面による報告の方が正確性の高いことも鑑定書と変わらないため、321条4項の準用により証拠能力が認められる[63]。

62）　最判昭和32年7月25日刑集11集7号2025頁。
63）　最決平成20年8月27日刑集62巻7号2702頁。

8．321条の2

第321条の2　被告事件の公判準備若しくは公判期日における手続以外の刑事手続又は他の事件の刑事手続において第157条の6第1項に規定する方法によりされた証人の尋問及び供述並びにその状況を記録した記録媒体がその一部とされた調書は、前条第1項の規定にかかわらず、証拠とすることができる。この場合において、裁判所は、その調書を取り調べた後、訴訟関係人に対し、その供述者を証人として尋問する機会を与えなければならない。

2　前項の規定により調書を取り調べる場合においては、第305条第5項ただし書の規定は、適用しない。

3　第1項の規定により取り調べられた調書に記録された証人の供述は、第295条第1項前段並びに前条第1項第1号及び第2号の適用については、被告事件の公判期日においてされたものとみなす。

（趣旨）

321条の2は、ビデオリンク方式[64]による証人尋問が行われ、その供述等について記録した記録媒体が添付された調書が作成されている場合に、この記録媒体等の証拠能力について規定する。

ビデオリンク方式による証人尋問が行われた場合、その状況等がビデオテープなどの記録媒体に記録されることがある（157条の6第3項）。この場合、記録媒体は調書の一部となり（同条4項）、調書は供述内容を記載した紙媒体の部分と上記記録媒体の部分から構成されることになる。

他の事件、たとえば、AとBが共同してVに対し性交等を強要したという事件で、AとBの事件が分離され、Bの事件において、ビデオリンク方式によるVの証人尋問がされたとする。Vの尋問がビデオリンク方式によらない場合は、その調書をAの事件で用いようとする場合、321条1項1号により証拠能力が認められるかどうかが問題となるが、この場合、Vが供述不能でない限り、一旦は改めてVの尋問を行い、相反供述があって初めてBの事件における証人尋問調書を証拠とすることができる。しかし、証人保護のためにビデオリンク方式による尋問をしておきながら、別事件では改めて一から証人尋問をしなければならないというのは、証人に著しい負担を課すことになりかねない。321条の2はその不都合を避けるために規定されたものである。

64）　157条の6柱書参照。

321条の2の場合、裁判所は、当該記録媒体を再生する方法によって取調べを行い（157条の6第1項、2項、305条5項）、また、取調べ後に、訴訟関係人に対し、その供述者を証人として尋問する機会を与えなければならない（321条の2第1項）。この場合、調書に記録された証人の供述は、295条1項前段ならびに321条1項1号および2号の適用については、被告事件の公判期日においてされたものとみなされるので（321条の2第3項）、ビデオリンク方式で尋問されている事項について重ねて尋問をしようとしても、重複尋問として制限される可能性がある（295条1項）。

9．322条

第322条　被告人が作成した供述書又は被告人の供述を録取した書面で被告人の署名若しくは押印のあるものは、その供述が被告人に不利益な事実の承認を内容とするものであるとき[65]、又は特に信用すべき情況の下にされたものであるときに限り、これを証拠とすることができる。但し、被告人に不利益な事実の承認を内容とする書面は、その承認が自白でない場合においても、第319条の規定に準じ、任意にされたものでない疑があると認めるときは、これを証拠とすることができない。

2　被告人の公判準備又は公判期日における供述を録取した書面は、その供述が任意にされたものであると認めるときに限り、これを証拠とすることができる。

（趣旨）

321条が被告人以外の者の供述書・供述録取書について規定しているのに対し、322条は被告人自身の作成した供述書や供述録取書について規定する。なお、被告人の供述録取書については警察官作成の書面も検察官作成の書面も伝聞例外が認められるための要件は同一である。

被告人が作成した供述書や被告人の供述を録取した書面は、「その供述が被告人に不利益な事実の承認を内容とするものであるとき」、または「特に信用すべき情況の下にされたものであるとき」に限り証拠とすることができる。前段の不利益供述については、「任意にされたものでない疑があると認めるとき」はこれを証拠とすることができない（ただし、被告人の供述を録取した書面のうち、公判準備・公判期日における供述を録取した書面については、供述が任意にされたものであると認め

65）「その供述が被告人に不利益な事実の承認を内容とするものであるとき」とは、起訴されている自分の犯罪の認定について不利となる内容の供述をいう。

られる限り証拠とすることができる（322条2項））。

322条1項本文前段は、自らにとって不利益となる事実を任意に認めているのであれば一般的にその供述の信用性が高いと考えられることから伝聞例外とされている。322条1項本文後段は、自らにとって利益となることは虚実をとりまぜて述べることが多いという一般的経験則を踏まえ、特信情況を要件に伝聞例外が認められている。

322条2項の「公判」とは、当該事件のものに限ると解されている。

設問14　次の各事例において検察官Ｐが証拠調べ請求をしたそれぞれの書面について、証拠能力が認められるか否かを、根拠となる条文を明示して論じなさい（必要に応じ適宜場合分けをして論じること）。

事例　ＡはＶを包丁で刺して殺害したとして、殺人の容疑で逮捕・勾留された。Ａは捜査段階では被疑事実を認めていたが、公判では否認に転じた。

検察官Ｐは、次の各書面について、証拠調べ請求をしたが、弁護人Ｌは不同意との意見を述べた。

小問1　Ａは自ら警察官Ｋに申し出て、「反省文」と題する手書きの書面を書いて、Ｋに提出した。反省文には、「私がＶを殺しました」との記載があるが、署名はなく、押印も指印もなされていない[66]。

（検察官Ｐの立証趣旨は「ＡがＶを殺害したこと」とされている。）

本件書面は、Ａの「公判期日における供述に代［わる］書面」（320条1項）であり、伝聞証拠であるから、321条以下のいわゆる伝聞例外に該当しない限り、これを証拠とすることはできない。

ここで、本件書面は、「被告人が作成した供述書」（322条1項）であるから、同項の要件を充たせば例外的に証拠能力が認められる。

---

66)　署名・押印が必要となるのは供述録取書であり、供述者自らが作成した書面（供述書）には署名・押印は必要ではない。他方、供述書が、実際に供述者が作成したものかどうか、その成立が争われるような場合においては、何らかの証拠によって当該書面は供述者自身が作成したものである旨を立証する必要がある。書面に残された指紋や皮脂のDNA一致性、筆跡などから証明することが考えられるが、供述者の署名・押印がなされていれば、供述者自身が作成したものと推測できる場合が多いであろう。いずれにしても、署名・押印要件の充足性の問題ではなく、書面の自然的関連性が問題となる場面である。

本問では、Aは自らVを殺した旨記載しており、「その供述が被告人に不利益な事実の承認を内容とするものである」ことは明らかである。

そして、Aは、自ら申し出て本件書面を作成したというのであり、他に、上記供述が「任意にされたものでない疑［い］」を抱くべき事情はない。

よって、本件書面は322条1項により、証拠能力が認められる。

> **小問2**　Aは、取調べに当たった警察官Kに対して、自ら進んで「私がVを殺しました」と述べ、Kはその旨の供述調書を作成した。Aは、Kから調書を読み聞かされた上で、調書に署名・押印した。
> （検察官Pの立証趣旨は「AがVを殺害したこと」とされている。）

本件書面は、Aの「公判期日における供述に代［わる］書面」（320条1項）であり、伝聞証拠であるから、321条以下のいわゆる伝聞例外に該当しない限り、これを証拠とすることはできない。

ここで、本件書面は、「被告人の供述を録取した書面」（322条1項）であり、「被告人の署名若しくは押印のあるもの」であるから、同項の要件を充たせば例外的に証拠能力が認められる。

本問では、Aは自らVを殺した旨記載しており、「その供述が被告人に不利益な事実の承認を内容とするものである」ことは明らかである。

そして、Aは、自ら申し出て本件書面を作成したというのであり、他に、上記供述が「任意にされたものでない疑[い]」を抱くべき事情はない。

よって、本件書面は322条1項により、証拠能力が認められる。

> **小問3**　Aは、取調べに当たった検察官Pに対して、自ら進んで「私がVを殺しました」と述べ、Pはその旨の供述調書を作成した。Aは、Pから調書を読み聞かされた上で、調書に署名・押印した。
> （Pの立証趣旨は「AがVを殺害したこと」とされている。）

被告人供述の場合、検察官面前調書と司法警察職員面前調書[67)]で区別はないので、**小問2**の解説と同じとなる。

67）司法警察職員面前調書を「員面調書」、「KS」という。

小問4　Aは、取調べに当たった検察官Pに対して、自ら進んで「私がVを殺しました」と述べ、Pはその旨の供述調書を作成したが、Aは、調書に署名・押印することは拒否した。
（Pの立証趣旨は「AがVを殺害したこと」とされている。）

本件書面は、Aの「公判期日における供述に代［わる］書面」（320条1項）であり、伝聞証拠であるから、321条以下のいわゆる伝聞例外に該当しない限り、これを証拠とすることはできない。

ここで、本件書面は、「被告人の供述を録取した書面」（322条1項）であるが、「被告人の署名若しくは押印」がないから、同項の要件を充たさず、証拠能力を認める余地はない。

小問5　Aは、取調べに当たった検察官Pに対して、自ら進んで「私がVを殺しました」と述べた。Pは、Aの承諾を得て、その取調べ状況をDVDに録画した。DVDにはAの署名・押印等はされていない[68]。
(1)　Pの立証趣旨は「AがVを殺害したこと」とされている場合
(2)　Pの立証趣旨は「捜査段階における被告人の自白が任意になされたこと」とされている場合

(1)　DVDに録画されたAの供述の意味・内容の真実性を問題としているため、伝聞証拠であるから、321条以下のいわゆる伝聞例外に該当しない限り、これを証拠とすることはできない（320条1項）。

(1)の場合、被告人の供述であるため、322条1項により証拠能力が認められないか。

本件DVDは、「被告人の供述を録取した書面」でもなく、「被告人の署名若しくは押印」もない。しかし、署名・押印は録取者による再伝聞性を払拭するためのものであるところ、DVDは機械的に録音され正確性が担保されているのであるから、署名・押印がなくともよいと考える（322条1項以下を参照）。

(2)　自白の任意性については自由な証明で足り、厳格な証明が必要とは解され

68）　取調べの際の録音録画を実質証拠としてよいかは議論がある。なお平成28年の法改正により裁判員裁判対象事件と検察独自捜査事件の被疑者の取調べについては、録音録画が義務付けられている（301条の2）。

ていないため、裁判所は本件 DVD を証拠として利用できる[69]。

10. 323条

> **第323条** 前3条に掲げる書面以外の書面は、次に掲げるものに限り、これを証拠とすることができる。
> 一 戸籍謄本、公正証書謄本その他公務員（外国の公務員を含む。）がその職務上証明することができる事実についてその公務員の作成した書面
> 二 商業帳簿、航海日誌その他業務の通常の過程において作成された書面
> 三 前2号に掲げるものの外特に信用すべき情況の下に作成された書面

（趣旨）

323条は、書面の性質上、高度の信用性があり、証拠としての必要性も高い各種書面（特信文書）について、無条件で証拠能力を認めている。

323条1号は、「公務員…がその職務上証明することができる事実についてその公務員の作成した書面」（公務文書）であり、例示された戸籍謄本、公正証書謄本のほか、不動産登記簿謄本や印鑑証明書、前科調書や身上調書等が挙げられる。これらの書面は、公務員が法律に基づく職務上の義務として作成し、証明するものであって、高度の信用性の情況的保障があり、証拠としての必要性も高いことから、無条件で証拠能力を認めている。

323条2号は、「業務の通常の過程において作成された書面」（業務文書）であり、例示された商業帳簿、航海日誌のほか、医師のカルテ（診療録）などがこれに当たるとされている。また、判例[70]は、闇米を含む米の販売未収金を、販売の都度記入した未収金控帳を2号の書面に当たるとした。これらの書面は、業務の遂行過程においてその都度規則的、反復的に作成されるものであるため高度の信用性が認められる。

323条3号は、1号および2号に該当しないが、「特に信用すべき情況の下に作成された書面」（その他の特信文書）について無条件で証拠能力を付与しており、1号および2号の書面に準じる程度の高度の信用性を必要とする。具体例は、公の統計・記録、市場価格表、学術論文などである。日記、手帳およびメモについては、文書の表題など形式面にとらわれず、1号および2号の書面に準じる程度

69) ただし、実務は厳格な証明によるとされている。
70) 最決昭和32年11月2日刑集11巻12号3047頁。

の高度の信用性を有しているかを実質的に判断することになる。裁判例[71]は過激派のアジトから発見された爆発物の開発実験に関するメモについて、当時における観察や計測の結果をその都度メモしたものであり、爆発物の使用に向けて継続的かつ正確に作成されたものとして、3号により証拠能力を認めている。

設問 15　Aは、被害者Vの勤務する会社に繰り返し嫌がらせ電話をかけたとして、ストーカー規制法違反で起訴された。

Vとその同僚は、Aからの電話がある都度、直後に、ノートに手書きで、日付、時刻、電話番号、電話の内容、無言電話の場合は「無言」の文字、電話を受けた者の氏名を記入していた。

上記ノートは323条の書面に該当するか。

本件ノートは、Aからと思われる電話に限って、受信日時や内容等を、直後に、かつ、正確に記録したものであると認められ、その過程に恣意が入り込んだと疑うべき事情はない。そうすると、本件ノートは、323条3号の「前2号に掲げるものの外特に信用すべき情況の下に作成された書面」に該当するものと解すべきである[72]。

設問 16　Aは、Bらと共同で暴走行為を行ったとして、道路交通法違反（共同危険行為）で起訴された。

検察官Pは、速度違反の取り締まり現場で作成した速度測定通報記録を証拠請求したところ、弁護人Lがこれに不同意との意見を述べた。

この通報記録に証拠能力が認められるか論じなさい。

本件通報記録は、違反車両を現認した直後にその車種や色、登録番号、走行状況、測定速度等について測定の順序に従って具体的に記録し、当日の取り締まりの流れを示すものであるところ、その作成者の主観、作為を入れることなく、機械的に記録したものであり、その作成および内容の正確性について高度の信用性を有する。したがって、通報記録は323条3号の「特に信用すべき情況の下に作成された書面」に該当するものといえるので、証拠能力が認められる[73]。

71）東京高判平成20年3月27日東高刑時報59巻1-12号22頁。
72）東京地判平成15年1月22日判タ1129号265頁。
73）東京高判平成9年12月18日東高刑時報48巻1-12号91頁。

11.　324条

> **第324条**　被告人以外の者の公判準備又は公判期日における供述で被告人の供述をその内容とするものについては、第322条の規定を準用する。
> **2**　被告人以外の者の公判準備又は公判期日における供述で被告人以外の者の供述をその内容とするものについては、第321条第1項第3号の規定を準用する。

（趣旨）

324条は、被告人以外の者の公判準備または公判期日における供述について、被告人の供述をその内容とするもの（同条1項）および被告人以外の者の供述を内容とするもの（同条2項）について、それぞれ規定している（伝聞の供述）。

324条1項の「被告人以外の者の公判準備又は公判期日における供述で被告人の供述をその内容とするもの」は、たとえば犯行の目撃者など第三者が公判で証言をし、その中で「被告人は、『甲』と言っていました」と述べるような場合である。被告人が過去にそうした発言をしていたこと自体が要証事実であれば非伝聞であって、伝聞法則の適用は問題とならない。他方、甲という事実が真実であることを立証しようという場合には、これは伝聞証拠に他ならない。この場合、証人が引用した被告人の甲という発言について、322条の要件を充たさなければ証拠能力が認められない（**イラスト⑦**）。

イラスト⑦（324条1項の場面）

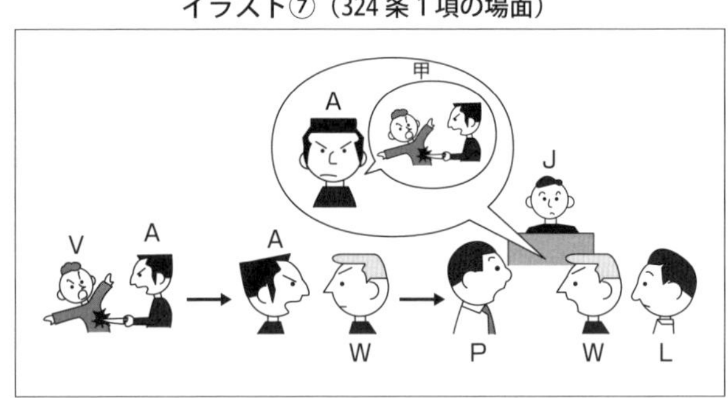

324条2項の「被告人以外の者の公判準備又は公判期日における供述で被告人以外の者の供述をその内容とするもの」は、たとえば犯行の目撃者など第三者が公判で証言をし、その中で「被害者（別の第三者）は、『乙』と言っていました」と述べるような場合である。この場合も、乙という事実が真実であることを立証し

ようというときには、これは伝聞証拠に他ならないが、証人が引用した被害者の乙という発言について、321 条 1 項 3 号の要件を充たさなければ証拠能力が認められない（**イラスト⑧**）。

イラスト⑧（324 条 2 項の場面）

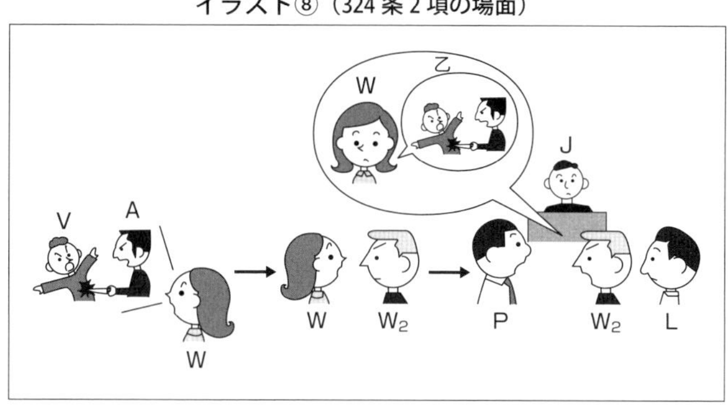

注意しなければならないのは、324 条は、「被告人以外の者の公判準備又は公判期日における供述」の中に被告人や第三者の供述が引用されている場合について規定しているだけで、被告人以外の者が作成した供述書や被告人以外の者の供述を録取した書面の中に被告人や被告人以外の者の供述が記載されているような場合（再伝聞[74)]）については何も触れていないという点である。こうした再伝聞については、その証拠能力を直接規定した条文はない。

判例・通説は、このような場合、供述書や供述録取書が 321 条以下の伝聞例外規定によって証拠能力を認められる場合、それらの書面は「公判期日における供述に代えて」（320 条）書面を証拠とすることを許されたものに他ならず、「公判期日における供述」（324 条）と同視できるとして、324 条を類推適用されると解しており、引用された原供述が 321 条 1 項 3 号や 322 条の要件を充たすのであれば証拠能力が認められるとしている[75)]。しかし、公判廷で証人が原供述を引用するような場合には、証人が本当に原供述どおりの話を聞いたのか、尋問によって確認ができるのに対し、書面の中に原供述が引用されているような場合には、書面の作成者が本当に原供述どおりの話を聞いたのか、確認する術がない。このため、再伝聞に 324 条を類推適用することについては批判がある（次頁の**イラスト⑨**）。

74）たとえば、目撃者の供述録取書の中に、「被告人は、『甲』と言っていました」という記載があるような場合である。

75）最判昭和 32 年 1 月 22 日刑集 11 巻 1 号 103 頁。

イラスト⑨（再伝聞）

設問 17　A は、B と共謀して、V を包丁で刺して殺害したとして、殺人の容疑で起訴された。A は捜査段階では被疑事実を認めていたが、公判では否認に転じた。なお、A と B の公判は分離されている。W は、たまたま犯行現場を通りかかり、A が包丁で V の腹部を刺して殺害する現場を目撃していた。

A の公判における次の証言のうち、『　』の部分について、証拠能力が認められるか。根拠となる条文を明示して論じなさい（必要に応じ、適宜場合分けをして論じること）。

小問 1　A の知人である F は、公判で、「逮捕される前、A が『V を殺してしまった』と言っているのを聞きました」と証言した。

F の証言中、A の発言を引用する部分は、「被告人以外の者の公判準備…で被告人の供述をその内容とするもの」（324 条 1 項）であるから、322 条が準用されるところ、「その供述が被告人に不利益な事実の承認を内容とするもの」であることが明らかであるから、任意性が認められる限り、証拠能力が認められる。

小問 2　W の知人である F は、公判で、「以前、W と会ったとき、W は『A が V を殺すのを見た』と言っていました」と証言した。

F の証言中、W の発言を引用した部分は、「被告人以外の者の公判準備又は公判期日における供述で被告人以外の者の供述をその内容とするもの」（324 条 2

項）であるから、321 条 1 項 3 号が準用され、321 条 1 項 3 号の要件を充たせば証拠能力が認められる。

小問 3　W は、公判で「A は、『死ね』と叫んでいました」と証言した。

W の証言中、A の発した言葉を引用した部分は、一見するといわゆる伝聞の供述（321 条 4 項）として、伝聞法則の適用の有無が問題となるようにも思える。

しかし、A の「死ね」という発言は、A が知覚し、記憶した過去の出来事をその記憶を想起して再現したものではなく、行為と一体となって A の殺害行為を基礎づけるものである。そうすると、上記発言部分は伝聞法則の適用を受けず、証拠能力が認められる。

設問 18　A は V に対する強制性交等致死罪で起訴された。A の公判中、証人 W は「犯行が行われる前日、V から、『A は嫌い。嫌らしいことばかりするから』と打ち明けられていた」旨の証言をした。次の各場合、供述を証拠とできるか論じなさい。

(1)　本件の争点は「和姦であったか否か」であり、検察官 P が「V が A に対し嫌悪感を抱いていたこと」を立証しようとする場合

(2)　本件の争点は「A が犯人であるか否か」であり、P が A の犯行動機を立証するため、「A が V に嫌らしいことばかりしていた」ことを立証しようとする場合

W の証言は、被害者である V の供述を内容としており、「公判期日外における他の者の供述を内容とする供述」（320 条 1 項）として、証拠能力が認められないのではないか。上記供述について伝聞法則が適用されるか否かが問題となる。

ア　(1)の場合

伝聞証拠について証拠能力が否定される（伝聞法則）のは、人の供述についてその内容どおりの事実があったことを証明しようとする場合、こうした供述は、知覚・記憶・表現・叙述という過程を経るために各過程で過誤が介在するおそれがあるところ、反対尋問等でその真実性を吟味する機会がないため、事実を誤認する類型的な危険があるからである。

人が自己の精神状態にかかる供述をする場合、かかる供述は、知覚・記憶という過誤を生じやすい過程を経ていない。また、表現・叙述という過程における過

誤の有無は、原供述を聞いたという者に供述当時の原供述者の態度など供述の状況を確認することによって吟味することができる。他方、人の精神状態がいかなるものであったかを立証する手段としては、時間が経ってから原供述者にこれを尋ねるよりも、当時原供述者がどのようなことを述べていたのかを明らかにする方が適していることが多い。

このように考えると、供述当時の人の精神状態にかかる供述は伝聞法則の適用を受けないと解すべきである。

本件Wの証言は、Vが生前にAを嫌いだという趣旨の発言をしていたことから、VがAに嫌悪感を抱いており、ひいて強制性交等が和姦であった可能性がないことを立証しようとするものであって、上記の供述当時の人の精神状態にかかる供述であるから、伝聞法則の適用を受けず、証拠とすることができる。

イ (2)の場合

本件Wの証言は、Vが生前に、VがAから嫌らしいことをされていたという事実を立証し、ひいてAには強制性交等の犯行動機があり犯人である可能性が高いことを証明しようとするものである。このような要証事実は、Vが述べていたという事実が真実であったかどうかを問題とせざるを得ず、Vに対する反対尋問等を経なければその真実性を吟味することはできない。

よって、Wの証言中、Vの供述を内容とする部分は伝聞証拠であり、原則として、これを証拠とすることができない。

ただし、Aがこれに同意するか（326条[76]）、Vの供述が321条1項3号の要件を充たすときは、例外的にこれを証拠とすることができる（324条2項）。

設問19　Aは、Bと共謀して、Vを包丁で刺して殺害したとして、殺人の容疑で起訴された。Aは捜査段階では被疑事実を認めていたが、公判では否認に転じた。なお、AとBの公判は分離されている。

Wは、たまたま犯行現場を通りかかり、Aが包丁でVの腹部を刺して殺害する現場を目撃していた。

Wは、公判に証人として出廷し、宣誓の上、

「私は、Aが包丁でVの腹部を刺すところを見ました。Aの後ろにはBがいて、Aに向かって、①『さっさとやれ』と言っていました。Aは、②『わか

76)　なお証言の際、Aが異議を述べず証拠排除を求めることもないときは、同意があったものとして扱われよう。後述**12**参照。

った』と言って、その直後にVの腹に向かって包丁を突き刺したのです。刺す瞬間、Aは、③『V、死ね』と怒鳴っていました」
「Vの方は、刺される瞬間、④『Aさん、Bさん、助けてくれよ』と叫んでいました」
「その後、AとBはその場から走り去ってしまったので、私は、Vの近くに駆け寄りました。Vは虫の息でしたが、私に、⑤『私を刺したのはAという男で、ヤミ金融業者です。側にいたのはAの上司Bという男で、AとBは、以前から、私が借りたお金を返せないので、私のことを殺してやると言って、脅かしていたのです』と話してくれました」
と証言した。

弁護人Lは、上記証言中、A、BおよびVの供述部分(『　』部分)は伝聞であるとして、証拠排除すべきとの意見を述べている。

上記①から⑤の証言について、証拠能力が認められるか(必要に応じて適宜場合分けをすること)。

ア　証言①および②について

伝聞証拠について原則として証拠能力が否定される(320条1項)のは、人が見聞きした事象を後に人の供述として再現し、これを証拠にする場合、知覚・記憶・叙述・表現の各過程において誤りが混入しやすく、事実認定を誤る類型的なおそれがあることから、公判廷における反対尋問等の吟味を経ない限り、これを証拠として認めないこととしたものである。

そうすると、人の供述を証拠とする場合であっても、当該供述の内容が真実であるとしてこれを立証に用いようとするのではなく、当該供述がなされたこと自体を証拠とする場合には、上記の類型的なおそれは該当し得ないから、これについて伝聞法則を適用する必要はない。

したがって、伝聞証拠とは、あらゆる供述証拠を指すのではなく、「公判期日における供述に代わる書面または公判期日外における他の者の供述を内容とする供述であって、その原供述の内容である事実の証明に用いられる証拠」を指すものというべきである。

証言①と②は、いずれも、AとBの供述内容が真実であるとしてこれを立証に用いようとするものではなく、AとBの間で上記の会話がなされ、これにより、犯行の現場においてAB間に共謀がなされたことを証するものであるから(すなわち、要証事実は、AB間に共謀があったことである)、いずれも伝聞証拠ではない。

よって、いずれも、証拠能力が認められる。

イ 証言③について

証言③は、Aの発言の内容の真実性を問題とするものではなく、Aの行為と一体となってAの殺害行為を基礎づけるものであるから伝聞証拠ではない。

よって、証言③は証拠能力が認められる。

ウ 証言④について

証言④は、Vの発言から、加害者がAとBであったことを立証しようとするものであり、一見すると、発言内容の真実性が問題となり、伝聞法則の適用があるようにも思われる。

しかし、Vの発言は、Vが面識のあるAとBに対面し、とっさに両名に命乞いをしたものであって、発言の過程において、事象を知覚し、記憶するという過程が欠落している。かかる場合には、伝聞証拠が抱える類型的な事実誤認のおそれは少なく、伝聞法則を適用する必要がない。

よって、証言④は証拠能力が認められる。

エ 証言⑤について

証言⑤は、原供述者Vが、自己の記憶に従って、加害者らの人定にかかる詳細や犯行に至る経緯を説明し、その内容を立証に供するものであり（要証事実はABの犯人性と犯行経緯）、まさに原供述の内容の真実性が問題となるべき場面であるから、伝聞証拠であり、原則として証拠能力がない（320条1項）。

しかし、証言⑤は、「被告人以外の者の…公判期日における供述で被告人以外の者の供述をその内容とするもの」（324条2項）であるから、321条1項3号が準用されるところ、Vは死亡して供述が不能であること、被告人らは犯行を否認しており、犯行経緯については上記Vの供述が立証上不可欠であること、Vは今際の際に最後の力を振り絞ってWに事実経緯を訴えたものであって、あえて虚偽を述べる理由はなく、その供述は特に信用すべき情況においてなされたものといえることから、結局、321条1項3号の要件を充たし、証拠能力が認められる。

12. 326条

第326条 検察官及び被告人が証拠とすることに同意した書面又は供述は、その書面が作成され又は供述のされたときの情況を考慮し相当と認めるときに限り、第321条乃至前条の規定にかかわらず、これを証拠とすることができる。

2 被告人が出頭しないでも証拠調を行うことができる場合において、被告人が出頭しないときは、前項の同意があつたものとみなす。但し、代理人又は弁護人が出頭したときは、この限りでない。

(趣旨)

326条1項は、伝聞証拠であり、かつ、321条以下の例外規定に該当しない場合であっても検察官および被告人が証拠とすることに同意したものについては、証拠能力を認め(同意書面)、326条2項は被告人が出頭しないでも証拠調べができる場合において、被告人が出頭しないときは、証拠とすることの同意があったものとみなす(擬制同意)としている。

326条1項の同意の法的性質については、反対尋問放棄説と証拠能力付与説の対立があるが、両説の差異は、①伝聞証拠について被告人側が同意し、取調べがなされたが、その後に被告人側が原供述者の証人尋問を請求できるか、②同意した証拠が違法収集証拠であった場合にも証拠能力が認められるかの場面で顕在化する。

なお、弁護人は条文上同意権者ではないが、包括的代理権に基づいて同意をすることができる。

設問20　AはVを包丁で刺して殺害したとして、殺人の容疑で逮捕・勾留された。Aは捜査段階から一貫して否認をしていた。

下記各小問に答えなさい。

小問1　公判廷において、Aは出頭を拒否したり、出頭しても訴訟指揮に従わないで退廷命令等により公判廷を不在にし、弁護人Lも自ら公判廷を退廷したり、退廷を命ぜられた。

そのような状況において、AおよびLが不在のまま証拠調べが行われ、検察官Pから提出された検察官面前調書を裁判所は証拠として採用した。

このような裁判所の措置は適法か。

本問では、Aらが退廷命令(341条)により不在であるにもかかわらず、検察官Pから提出された検察官面前調書を証拠として裁判所は採用している。

そこで、このような裁判所の措置は許されるか。326条2項では、「被告人が出頭しないとき」には同意が擬制されるところ、退廷命令の場合にも「被告人が出頭しないとき」に該当するかが問題となる。

思うに、326条2項で同意擬制を認める趣旨は、被告人が出廷しないときは、裁判所はその同意の有無を確かめることができず、訴訟の進行が著しく阻害されるので、これを防止するため、被告人の真意のいかんにかかわらず、擬制を認めることにある。

とすれば、被告人が秩序維持のために退廷を命ぜられ、341条により審理を進める場合においても、同意の有無を確かめることができず、訴訟の進行が著しく阻害されるので、326条2項の趣旨が妥当する。

したがって、退廷命令の場合にも「被告人が出頭しないとき」に該当するので、裁判所の措置は適法である。

> **小問2**　Aは殺害した事実について一貫して否認していたにも関わらず、Aの殺害行為を目撃したという証人Wの検察官面前調書について検察官Pが証拠調べ請求をしたところ、弁護人Lはその調書を同意した。
>
> このような同意の有効性について論ぜよ。

本問では、Aは殺害した事実について一貫して否認していたにも関わらず、Aの殺害行為を目撃したというWの検察官面前調書について、Lはその調書を同意している。

そこで、このような同意は326条1項として有効か、同意権限の法的性質が問題となる。

確かに、条文上弁護人は同意権者ではないが、弁護人には包括代理権があり、かかる包括代理権に基づいて弁護人には同意権が認められる。

したがって、弁護人の同意権は、被告人の明示・黙示の意思に反しない限りで有効と解される。

これを本問についてみると、Aは殺害した事実について一貫して否認しているのであるから、殺害行為を目撃したという第三者の検察官面前調書が認められると、被告人が殺害した事実を裁判所が認める可能性があるので、このような証拠を同意することはAの黙示の意思に反する。

したがって、Lの同意は無効である。

13.　327条

> **第327条**　裁判所は、検察官及び被告人又は弁護人が合意の上、文書の内容又は公判期日に出頭すれば供述することが予想されるその供述の内容を書面に記載

して提出したときは、その文書又は供述すべき者を取り調べないでも、その書面を証拠とすることができる。この場合においても、その書面の証明力を争うことを妨げない。

（趣旨）

327条は、検察官および被告人・弁護人が合意の上、ある文書の内容や、公判期日に出頭すれば供述することが予想されるその供述の内容を書面に記載して提出したときは、その文書や供述すべき者を取り調べないでも、その書面を証拠とすることができると規定する（合意書面）。

当事者間において争いのない事実関係について、同意書面（326条）と同様に、327条の合意書面についても、これらの活用を検討して、適切な証拠調べが行われるよう努めなければならない（規則198条の2）。

もっとも、当事者間に争いのない事実に関わる書証は、弁護人が同意することが多いため、合意書面はほとんど活用されることがない。裁判員裁判では、検察側が争いのない事実関係や関係者の供述等を整理要約した統合捜査報告書を作成し、これを同意書面として取り調べるという方法が行われることが多い[77)]。

14. 328条

第328条　第321条乃至第324条の規定により証拠とすることができない書面又は供述であつても、公判準備又は公判期日における被告人、証人その他の者の供述の証明力を争うためには、これを証拠とすることができる。

（趣旨）

328条は、伝聞証拠であっても、供述証拠の証明力を争う証拠（弾劾証拠）としては使用し得ることを定めた規定と解されている。

すなわち、328条の趣旨は、公判期日における供述が、別の機会にしたその者の供述と矛盾する場合に、矛盾する供述をしたこと自体の立証を許すことにより、公判期日におけるその者の供述の信用性の減殺を図ることを許容する点に求められる。言い換えると、ある人が法廷で供述をしたが、同じ人が法廷外ではまったく別のことを言ったり書いたりした場合には、その人がこうした自己矛盾供述をしていたことを立証すれば、法廷での供述の信用性を減殺することができるので

77）　酒巻577頁。

ある。

上記の趣旨から、328条により証拠能力を認められるのは、公判供述をなした本人の自己矛盾供述に限られる（限定説[78]）。

また、条文の文言からは、供述録取書に供述者の署名・押印がない場合も、321条によって証拠能力が認められない場合の1つとして328条の適用の余地があるようにも見えるが、自己矛盾供述をしたという事実は公判供述の証明力に大きな影響を及ぼす事実であり、訴訟の帰趨を左右しかねないものであるため、厳格な証明を要するので、328条を適用して証拠能力を認めることができない[79]。

設問21　AはVを包丁で刺して殺害したとして、殺人の容疑で逮捕・勾留された。Aは捜査段階では被疑事実を認めていたが、公判では否認に転じた。

殺害の現場に面してWの自宅があり、Wは上記の殺害場面を目撃していたことが判明した。

Wは、警察官Kの面前では、「私は、AがVを包丁で刺すところを見ました」と述べ、その旨の員面調書が作成されたが（Wの署名・押印がなされている）、後に検察庁で検察官PがWを取り調べたところ、Wは、「警察ではAがVを刺すところを見たと言いましたが、正直なところ、本当にAだったのか、はっきりしないのです」と述べ、その旨の検面調書が作成された（Wの署名・押印がなされている）。

Wは公判において証言し、「私は、AがVを刺すのを見ました」と証言した。

以下の各書面を証拠とすることができるか。

(1)　Aの弁護人Lは、上記Wの検面調書について、「Wの証言が信用出来ないこと」を立証趣旨として、証拠調べ請求した。

(2)　(1)の場合に、仮に、Wが調書への署名・押印を拒否していたときはどうか。

(3)　Lは、Wと同居する妻Fが警察で、「うちの夫はいつも嘘ばかりつくのです。今回も、自分で、『目立ちたくてAの犯行を見たと話したが、本当はAだったのか、よくわからないんだ』と言っていました」との内容を記

---

78)　これに対し、328条は、弾劾証拠一般について広く証拠能力を認める趣旨であるとして、本人の自己矛盾供述に限定されないとの説もある（非限定説）が、実務では採用されていない。

79)　最判平成18年11月7日刑集60巻9号561頁。

載した上申書を入手し、これを、「Wの証言が信用出来ないこと」を立証趣旨として、証拠調べ請求した。
(4)　(1)の証拠が採用され、取り調べられた。その後、検察官は、Wの員面調書を、「Wの証言は信用できること」を立証趣旨として、証拠調べ請求した。
(5)　Wは公判で上記証言はしたものの、反対尋問では曖昧な証言しかできず、目撃状況はあやふやなままで、Pとしては、そのままでは犯行状況が十分に立証できないと考えた。そこで、Pは、Wの員面調書を、「Wの証言が信用できること」を立証趣旨として、証拠調べ請求した。

ア　(1)の場合

本件調書は、「公判期日における…証人…の供述の証明力を争う」ものとして提出されているのであるから、これを証拠とすることができる（328条）。

イ　(2)の場合

本件調書は、「公判期日における…証人…の供述の証明力を争う」ものとして提出されており、328条により証拠とすることができるかが問題となる。

この点、署名・押印がない書面についても、「321条…により証拠とすることができない書面」である以上、328条が適用され、証拠とすることができるという立場もあり得よう。

しかし、328条は、証人等の供述が、別の機会にしたその者の供述と矛盾する場合に、矛盾する供述をしたこと自体の立証を許すことにより、公判期日におけるその者の供述の信用性の減殺を図ることを許容する趣旨のものであって、特に弾劾証拠について一般的に厳格な証明を排することまで認めたものではない。よって、署名・押印を欠く本件調書は、321条1項の要件を欠くから、320条1項により、証拠とすることができない。

したがって、328条によっても証拠とすることはできない。

ウ　(3)の場合

上申書は、「公判期日における…証人…の供述の証明力を争う」ものとして提出されており、328条により証拠とすることができるか。

しかし、上記のとおり、328条の趣旨は、証人等の供述が、別の機会にしたその者の供述と矛盾する場合に、矛盾する供述をしたこと自体の立証を許すことにより、公判期日におけるその者の供述の信用性の減殺を図ることを許容することにある。よって、上記信用性について当該供述者以外の第三者のなした供述等に適用する余地はない。

エ (4)の場合

本件員面調書は、一旦弾劾されたWの証言について、Wが従前、証言どおりの供述をなしていたことを明らかにし、信用性を回復することを企図するもの（回復証拠）であって、「公判期日における…証人…の供述の証明力を争う」ものに他ならないから、328条により証拠とすることができる。

オ (5)の場合

検察官Pの立証趣旨はあたかもWの員面調書はWの証言の証明力を争う（328条）もののように設定されているものの、実態は、Wの証言はそれ自体では証明力が不十分であって、上記証言を補充し、その信用性を増強する証拠（増強証拠）としてWの員面調書の取調べが請求されているのであって、員面調書の内容が真実であることが前提とされているものというほかない。そうすると、上記員面調書は、「[公判] 供述の証明力を争う」ものとはいえないから、328条の適用はなく、321条1項3号の要件を充たさない限り、証拠とすることができない。

第4　応用編

本章では、「第1　**伝聞法則総論**」、「第3　**伝聞例外各論**」で学習した内容を踏まえた応用問題を検討することにする。

司法試験レベルの問題も含まれている。しっかりと理解してほしい。

1．犯行計画メモ（単独犯）

設問1　被疑者Aは、5月26日、被害者Vの水筒にヒ素を混入し、Vを殺害したとして、殺人罪で起訴されている。Vの死体からは解剖によりヒ素が検出され、Vの水筒からも同じヒ素が検出されている。また、Aの自宅からは、ヒ素を保管していた瓶が押収されている。さらに、Aの隣家の農家住民の供述から、5月25日、Aが雑草の駆除に使いたいといってヒ素を分けてもらっていたことが明らかになっている。Aの自宅のヒ素とVの死体や水筒から検出されたヒ素は同一のものであることが明らかになっている。

しかし、Aは、事件との関わりを否定している。

Aの自宅から、Aの筆跡による日記が発見されている。日記の5月25日のページには、「今日ようやくヒ素を手に入れた。こいつをVの水筒に入れる。明日決行」との記載がある（この記載部分を以下「メモ」という）。

検察官Pは、「Vの殺害を計画した日記の存在および内容」を立証趣旨として、上記メモの取調べ請求をした。

上記メモについて、証拠能力が認められるか。

メモは「公判期日における供述に代［わる］書面」として、証拠とすることができないようにも思える（320条1項。伝聞法則）。

しかし、伝聞法則は、人の供述について、その内容が真実であるものとしてこれを証拠とする場合、こうした供述は、知覚・記憶・表現・叙述の過程を経るために誤りを介在しやすく、事実認定を誤る類型的危険があるために、証拠能力を否定するものである。

本件メモは、Aが、犯行前に、偶然とは思われない客観的事実に符合する内容のメモを記載していたこと自体からAの関与を立証しようとするものであり、メモの内容の真否を問題とするものではない。そうすると、上記メモは伝聞証拠ではなく、証拠能力が認められる[80)]。

設問2　警察官Kは、Vを被害者とする殺人被疑事件につき、捜索差押許可状を得て、被疑者Aの居宅を捜索したところ、「①Vにレンタカーを借りさせる、②Vに睡眠薬を飲ませる、③Vを絞め殺す、④車で死体を運び、甲橋の下に穴を掘って埋める、⑤明日、決行」と記載されたAの手書きのメモを発見したので、これを差し押さえた。その後の捜査の結果、甲橋の下の土中からVの絞殺死体が発見され、その死体から睡眠薬の成分が検出された。また、行方不明になる直前にVがレンタカーを借りたことも判明した。

Aが殺人罪および死体遺棄罪で起訴された場合、上記メモを証拠として用いることができるか[81)]。

➡非伝聞

本件メモが伝聞証拠か否かは、要証事実との間で相対的に決せられるところ、本問の要証事実は、Aによる記載内容どおりの事実、すなわち本件犯行計画の内容ということができる。

すなわち、本件メモのうち、③「Vを絞め殺す」という点が殺人、④「車で死体を運び、甲橋の下に穴を掘って埋める」という点が死体遺棄、という各犯罪事実が記載されている。また、①「Vにレンタカーを借りさせる」および②「Vに睡眠薬を飲ませる」という点は、殺人および死体遺棄という各犯罪の実行をするに至る過程が記載されていることからから、Aの犯人性およびその計画性を推認することができる。その上、⑤「明日、決行」との記載内容は、A自らが、上記①から④までの内容を行うことを明確にするものである。

他方で、本問では、捜査の結果、「甲橋の下の土中からVの絞殺死体が発見され」たことから、殺人および死体遺棄の態様は、本件メモ③④の内容と一致し、また、「その死体から睡眠薬の成分が検出された」のであるから、両犯罪の実際の実行の過程は、本件メモ②の内容に一致している。さらに、「行方不明になる直前にVがレンタカーを借りたことも判明した」のであるから、この点の過程も、本

---

80)　Aの内心状態を供述する証拠として、証拠能力を認めるとの説明も可能であろう。

81)　旧司法試験平成22年度第2問参照。

問①の内容とも一致している。

したがって、本問は、事前に計画を記載した書面の内容と実際の犯行態様の一致から、Aの関与を推認する場合といえるから、その要証事実は、Aによる記載内容どおりの事実、すなわち本件犯行計画の内容ということができる。

このような犯行計画メモは、精神状態に関する供述を記載したものであるところ、精神状態の供述は、知覚・記憶の過程を経ないものであるから、誤りの入るおそれが類型的に低いので、供述内容の信用性を吟味する必要性は乏しい。

したがって、精神状態の供述は、精神（内心）をそのまま表現・叙述したもの、すなわち供述の真摯性が認められれば、非伝聞となる。

そうすると、本件メモは、「被疑者Aの居宅」というAの支配領域内で「発見」されているほか、改ざんされたおそれがない上、Aにとって不利な内容であることからすれば、供述の真摯性も認められるから、非伝聞となる。

よって、本件メモを証拠として用いることができる。

2. 犯行計画メモ（共犯）

設問3　次の事例において、検察官Pが証拠調べ請求をした下記の各書面について、伝聞証拠か非伝聞か、供述時の内心の供述かを述べなさい。

事例1　A、B、Cの3人は、5月26日、Aの家に集まり、共謀してVを殺害する計画を練った。3人は、謀議をしながらメモを作成し、協力して、殺害の手順を記載していった。メモが完成すると、3人は全員で署名し、血判を押した。その後、メモに書かれた計画のとおり、Bが実行犯としてVを殺害した（BがVを殺害したことは、証拠により証明されている）。

Aは、殺人の共謀共同正犯として起訴されている（Aの公判は、B、Cの公判とは分離されている）。

小問1　Aは、自身の公判で、5月26日に3人で集まったことはなく、殺人の謀議をしたこともないと主張している。検察官Pは、メモについて、「A、B、C間で共謀がなされたこと」を立証趣旨として証拠調べ請求した。

➡非伝聞

メモの存在自体から謀議行為を立証しようとするもの。

小問2　Aは、自身の公判で、5月26日に3人で集まったことはあるが、世間話をしただけで、殺人の謀議はしていないと主張している。検察官Pはメモについて、「被告人らの犯行計画」を立証趣旨として証拠調べ請求した。

➡内心供述

署名や血判を含めメモの記載自体から真摯に各人の犯行意欲や意図を反映したものであることが明らかになっており、知覚・記憶の過程を欠落するものであって、伝聞証拠とする必要がない。

事例2　A、B、Cの3人は、5月26日、Aの家に集まり、共謀してVを殺害する計画を練った。Aは、謀議をしながら逐一メモをとり、殺害の手順を記載していった。その後、メモに書かれた計画のとおり、Bが実行犯としてVを殺害した（BがVを殺害したことは、証拠により証明されている）。

小問１　Ａは、殺人の共謀共同正犯として起訴された（Ａの公判は、Ｂ、Ｃの公判とは分離されている）。
　Ａは、５月26日、Ｂ、ＣとＶ殺害に関する話をしたことは認めているが、冗談を言い合っただけで、Ｂが本当にＶを殺すとは思わなかったと主張している。
　検察官Ｐは、「Ａの犯行計画」を立証趣旨として、Ａの書いたメモを証拠調べ請求した。

➡内心供述

メモの作成者Ａの作成当時の内心を立証しようとするもの。

小問２　Ｃも殺人の共謀共同正犯として起訴されている（Ｃの公判は、Ａ、Ｂの公判とは分離されている）。
　Ｃは謀議に加わったことを否認している。メモには、Ｃの発言内容が記載されている。
　検察官Ｐは、「ＣがＡ、ＢとともにＶ殺害の事前謀議をしたこと」を立証趣旨として、Ａの書いたメモを証拠調べ請求した。なお、メモからは、Ａの指紋だけしか検出されていない。

➡伝聞証拠

Ａが書いたメモから、Ａが見聞きした謀議の様子を立証しようとするもの。
書面自体からは、共謀にＣが関わったことを確認することができず、非伝聞として扱うことはできない。

小問３　上記事例２で、メモから、Ａだけでなく、ＢとＣの指紋も検出されている。
　また、Ａ宅の隣人Ｗが、５月26日、Ａ宅にＢとＣが集まっていたことを証言した。Ｂの実行行為は、メモに記載されていた計画と細部に至るまで一致する態様で行われていた。
　検察官Ｐは、「犯行計画メモの存在と内容」を立証趣旨として、Ａのメモを証拠調べ請求した。

➡非伝聞（A・B・Cいずれの公判であっても）

各人間で真摯に成立したメモが存在することをもって、各人間の謀議の存在を立証しようとするもの。

> **小問4**　小問3の事案で、検察官Pは、「被告人らの犯行計画」を立証趣旨として、Aのメモを証拠調べ請求した。

➡内心供述（A・B・Cいずれの公判であっても）

各人間で真摯に成立したメモをもって、各人の意思とその連絡を立証しようとするもの。

3．領収書等

> **設問4**　次の事例において、検察官Pが証拠調べ請求をした下記の各書面について、伝聞証拠か否かを述べなさい。

> **事例**　Aは大企業の総務部長である。Aは、総会屋Bに対し、Bが次回の株主総会で発言をしないことを約束する代わりに利益を供与することとし、Bと上記の約束を取り交わした上で、Bに現金1000万円を交付した。
> Aは会社法違反（利益供与）で起訴された。

小問1　Bは、金を受け取った際、金額を忘れないように、その場でメモ用紙に「Aから1000万円受領」と書いて自ら保管した。

検察官Pは、Bの上記メモ用紙について、「AがBに1000万円を交付したこと」を立証趣旨として証拠調べ請求した。

➡伝聞証拠

メモに記載されたとおりの金銭授受を立証しようとするものであり、内容の真実性が問題となる。

小問2　Bの事務所を捜索したところ、Bが発行した1000万円の領収書の写し（カーボン複写式のもの）が発見された。

検察官Pは、上記領収書の写しを、「BがAから1000万円を領収したこと」を立証趣旨として証拠調べ請求した。

➡伝聞証拠

写しに記載されたとおりの金銭授受を立証しようとするものであり、内容の真実性が問題となる。

小問3　Aの机を捜索したところ、Bが発行した領収書（原本）が発見され、押収された。領収書には、宛名としてA、額面が1000万円、発行者としてBの記載がある。Aは領収書を会社の自分の机の引き出しにしまい、鍵をかけて保管していた。検察官Pは、上記領収書について、「BがAから1000万円を領収したこと」を立証趣旨として証拠調べ請求した。

➡伝聞証拠

領収書に記載されたとおりの金銭授受を立証しようとするものであり、内容の真実性が問題となる[82)]。

82)　このように個別の取引の都度作成される領収書とは異なり、レジスターで打ち出したレシートなどは、内容の真実性が問題となるため、やはり伝聞証拠が業務の過程において定型的反復的に作成されるものであって、323条3号書面に該当するとされている（条解959頁）。

小問4　検察官Pは、上記領収書について、「領収書の存在と内容」を立証趣旨として証拠調べ請求した。

➡非伝聞

一般に、領収書は、金銭の授受があった際、金銭を受領した者から交付した者に対し、受領の証明として交付されるという社会的事実が存在する。そうすると、AのもとにB作成の領収書が存在したことから、AB間において領収書の記載に対応する金銭授受の事実があったことが推認されるというべきである[83)]。

4. 各条文にまたがる問題

設問5　検察官Pが証拠調べ請求をした次の各書面等について、証拠能力が認められるか、根拠となる条文を明示して論じなさい（必要に応じ適宜場合分けをして論じること）。

事例1　Aは、Bと共同してVから金員を詐取したとして、詐欺容疑で起訴されている（AとBの公判は分離されている）。

Vは、すでにBに対する民事訴訟を提起して勝訴している。民事訴訟では、被告Bの当事者尋問が行われ、BはAと共同してVから金員を詐取したことを認め、その経緯を詳細に供述した。

Aの刑事公判で、AはVを欺罔したことを否認した。

検察官Pは、Bの証人尋問を申請し、同尋問が行われたが、Bは、「Aと一緒にVからお金を騙し取ったことはありません。民事裁判では、どうせお金のことだから、Vの気が済むように話を合わせておけばよいと思い、事実とは異なる話をしただけです」と証言した。

Pは、上記民事訴訟事件の被告Bの本人尋問調書の取調べを請求した。

Bは、民事裁判において、当事者本人として裁判官の面前で供述し、これが録取されているのであるから、上記本人尋問調書は、321条1項1号の書面に該当し、その内容が公判廷における証言と相反する以上、同号により証拠能力が認められる。

83)　古江415頁。

この点、民事裁判における供述は証人としてではなく、当事者本人の立場で行われているものの、中立の裁判官の面前でなされた供述であって、高度の信用性の情況的保障があるから、上記結論に違いはない。

事例2　AとBは、窃盗の共同正犯として起訴された（AとBの公判は分離されている）。

小問1　Bは捜査段階で事実を認め、「私は、Aと2人で共同して窃盗を行いました」という内容の検察官面前調書が録取された（Bはこれに署名・押印している）。

Aの公判において、Bが証人として出頭し、主尋問において、Aと2人で共同して窃盗を行った旨、検察官面前調書と同様の内容の証言をした。ところが、反対尋問では、「主尋問の内容は嘘です。Aを陥れようとしたのです。本当は自分が1人でやったことです」と証言し、検察官Pの再主尋問でもこれを維持した。

Pは、上記検察官面前調書を、「AとBが共同して窃盗を実行したこと」という立証趣旨で、取調べ請求した。

本件書面は、Bの「公判期日における供述に代［わる］書面」（320条1項）であり、伝聞証拠であるから、321条以下のいわゆる伝聞例外に該当しない限り、これを証拠とすることはできない。

ここで、本件書面は、「被告人以外の者…の供述を録取した書面で供述者の署名若しくは押印のあるもの」（321条1項）であり、「検察官の面前における供述を録取した書面」であるから、321条1項2号の要件を充たせば、例外的に証拠能力が認められる。

Bは、「公判期日において前の供述と相反するか若しくは実質的に異なつた供述をし」ているので、「公判期日における供述よりも前の供述を信用すべき特別の情況の存するときに限」り、本件書面を証拠とすることができる（321条1項2号）。

そこで、上記特別の情況（特信情況）について検討するに、Bは犯行の直後になした「前の供述」においては具体的に目撃状況を供述していたにもかかわらず、「公判期日における供述」では、主尋問において同旨の供述をしていたにもかかわらず、その後突如相反供述に転じており、供述の変遷に合理的理由も認めることができない。そうすると、公判供述よりも検察官面前供述を信用すべき特別の情況があるから、本件書面は証拠とすることができる。

小問2　Bは、上記証言に先立ち、B自身の公判において、「私は、Aと2人で共同して窃盗を行いました」との供述をしており、その旨が記載された公判調書が作成されていた。検察官Pは、Aの公判において、同公判調書を「AとBが共同して窃盗を実行したこと」という立証趣旨で、取調べ請求した。

Bは、Aの公判と分離された自身の公判において被告人として裁判官の面前で供述し、これが録取されているのであるから、上記公判調書は、321条1項1号の書面に該当し、その内容がAの公判廷における証言と相反する以上、同号により証拠能力が認められる。

この点、Bは、自己の公判において、証人としてではなく、被告人本人として供述をしているのであるが、中立の裁判官の面前でなされた供述であって、高度の信用性の情況的保障があるから、上記結論に違いはない。

小問3　Bは、上記証言に先立ち、自身の民事裁判において、「私は、Aと2人で共同して窃盗を行いました」との供述をしており、その旨が記載された尋問調書が作成されていた。検察官Pは、Aの公判において、同尋問調書を「AとBが共同して窃盗を実行したこと」という立証趣旨で、取調べ請求した。

Bは、自身の民事裁判における尋問で、被告として裁判官の面前で供述し、これが録取されているのであるから、上記尋問調書は、321条1項1号の書面に該当し、その内容がAの公判廷における証言と相反する以上、同号により証拠能力が認められる。

この点、民事裁判における供述は証人としてではなく、当事者本人の立場で行われているものの、中立の裁判官の面前でなされた供述であって、高度の信用性の情況的保障があるから、上記結論に違いはない。

設問6　検察官Pは、次の各書面について、証拠調べ請求をしたが、弁護人Lはいずれも不同意との意見を述べた。これら書面に証拠能力が認められるか、根拠となる条文を明示して論じなさい（必要に応じ適宜場合分けをして論じること）。

事例　ＡはＶを包丁で刺して殺害したとして、殺人の容疑で逮捕・勾留された。Ａは捜査段階では被疑事実を認めていたが、公判では否認に転じた。Ｗは、たまたま犯行現場を通りかかり、Ａが包丁でＶの腹部を刺して殺害する現場を目撃していた。

小問１　Ｗの検察官面前調書には、犯人がＡであることについて明確な記載がない。

Ｗは、Ａの公判に証人として出廷し、「私は、Ａが包丁でＶの腹部を刺すところを見ました」と証言した。弁護人は、反対尋問の準備のため、期日の延期を申し出、反対尋問は次回期日に行われることとなった。

ところが、Ｗは、次回期日前に急死してしまった。

裁判所は、Ｗの証言をＡの有罪の証拠とすることが許されるか。この場合、上記証言がＡと犯行を結びつける唯一の証拠であるか否かによって差異を生じるか。

Ｗは、公判廷において適式にＡがＶを刺した状況を証言しており、裁判所は同証言をＡの有罪の証拠とすることができる。

この点、「伝聞証拠」を、反対尋問を経ていない供述と捉え、本件のような事案について、伝聞法則（320条１項）を適用して、原則として証拠能力を認めない立場もある。かかる立場に立てば、Ｗの証言をＡの有罪の証拠とすることは原則として許されず、321条１項各号の要件を充たす場合に限り、証拠能力が認められることになる（この場合には、設問にいう唯一の証拠性いかんにより、差異を生じる可能性がある）。

しかし、上記の立場は、条文の文言からあまりにも飛躍するものであって、妥当でない。

よって、Ｗの証言をＡの有罪の証拠とすることに、何ら支障はない。

小問２　Ｗは、毎日欠かさずに日記をつけており、Ａの犯行を目撃した日もその様子を日記に詳細に記載していた。

Ｗは、この日記を警察に任意提出した後、交通事故に遭って死亡してしまった。

検察官Pは、この日記を、「AがVを殺害したこと、その状況」を立証趣旨として証拠調べ請求した。

本件書面は、Wの「公判期日における供述に代［わる］書面」（320条1項）であり、伝聞証拠であるから、321条以下のいわゆる伝聞例外に該当しない限り、これを証拠とすることはできない。

そこで、Wは毎日欠かさずに日記をつけていたというので、本件書面は「特に信用すべき情況の下に作成された書面」（323条3号）として証拠能力が認められないか。

しかし、323条3号は、公務文書（同1号）や業務文書（同2号）に準じる高度の信用性が認められなければならないというべきであり、定型性、類型性に欠ける本件書面にこのような高度の信用性は認められない。

結局、本件書面は、「被告人以外の者が作成した供述書」（321条1項）であり、321条1項3号の要件を充たせば、例外的に証拠能力が認められる。

Wは死亡しており、公判廷において供述することができない。

Aは犯行を否認しており、日記以外にAの犯行を立証し得る証拠は見当たらず、日記は立証上不可欠である。

Wは毎日日記をつけており、特に虚偽を記載すべき理由はなく、日記は特に信用すべき情況において作成されたものということができる。

よって、日記は321条1項3号により証拠能力が認められる。

小問3　警察官Kは、Wを同行して犯行場所に赴き、犯行場所の実況見分を実施した。その際、Wは、立会人として、「この場所（甲地点）でAがVを刺した」、「Vはこの場所（乙地点）に倒れた」等と地点を指し示したことから、Kは、Wの指示説明を記載するとともに、各地点の様子を撮影した写真および各地点の記号を記入した現場見取図を添付した実況見分調書を作成した。なお、同書面には、Wの署名・押印は一切なされていない。

(1)　検察官Pの立証趣旨が「AがVを殺害したこと」とされている場合

(2)　Pの立証趣旨が「AとVの位置関係」とされている場合

ア　(1)の場合

本件実況見分調書は、警察官Kが自己の五官の作用を用いて知覚・記憶した結果を書面で再現したものであり、強制の処分ではないものの、「司法警察職員の検証の結果を記載した書面」に他ならないから、Kが公判で「証人として尋問を受け、その真正に作成されたものであることを供述したとき」は、これを証拠とすることができる（321条3項）。

しかし、検察官Pは本件実況見分調書の立証趣旨を「AがVを殺害したこと」としており、同調書中に記載されたWの供述部分（AがVを刺した旨のもの）に記載された事実（AによるVの殺害事実）をもってAの犯罪事実を立証しようとしていることが明らかである。

そうすると、上記Wの供述部分は「検証の結果」ということはできず、「被告人以外の者…の供述を録取した書面」（321条1項）というべきであり、Wの署名・押印がないのであるから、この部分を証拠とすることはできない。

イ　(2)の場合

本件実況見分調書は、Kが自己の五官の作用を用いて知覚・記憶した結果を書面で再現したものであり、強制の処分ではないものの、「司法警察職員の検証の結果を記載した書面」に他ならないから、Kが公判で「証人として尋問を受け、その真正に作成されたものであることを供述したとき」は、これを証拠とすることができる（321条3項）。

この点、同実況見分調書には、Wの供述とも考えられる記載があり、この部分について、別途伝聞法則の適否を吟味する必要がないか、問題となる。

しかし、Pは、同実況見分調書をAとVの位置関係を証する証拠として取調べを請求しているところであり、上記記載は「検証の結果」である甲地点、乙地点を指示、特定するために記載されたものであって、検証の契機を示し、その経緯を説明するものに過ぎないことが明らかである。そうすると、これらはまさしく「検証の結果」の一部であって、「被告人以外の者…の供述を録取した」（321条1項）ものではない。

よって、本件実況見分調書は、321条3項の要件を充たせば、その全体を証拠とすることができる。

小問4　警察官Kは、Aを同行して犯行場所に赴き、犯行場所の実況見分を実施した。その際、Aは、立会人として、「この場所（甲地点）でVを刺した」、「Vはこの場所（乙地点）に倒れた」等と地点を指し示したことから、Kは、Aの指示説明を記載するとともに、各地点の様子を撮影した写真および各地点の記号を記入した現場見取図を添付した実況見分調書を作成した。なお、同書面には、Aの署名・押印は一切なされていない。

（1） 検察官Ｐの立証趣旨が「ＡがＶを殺害したこと」とされている場合
（2） Ｐの立証趣旨が「ＡとＶの位置関係」とされている場合

ア (1)の場合

本件実況見分調書は、警察官Ｋが自己の五官の作用を用いて知覚・記憶した結果を書面で再現したものであり、強制の処分ではないものの、「司法警察職員の検証の結果を記載した書面」に他ならないから、Ｋが公判で「証人として尋問を受け、その真正に作成されたものであることを供述したとき」は、これを証拠とすることができる（321条3項）。

しかし、検察官Ｐは本件実況見分調書の立証趣旨を「ＡがＶを殺害したこと」としており、同調書中に記載されたＡの供述部分（ＡがＶを刺した旨のもの）に記載された事実（ＡによるＶの殺害事実）をもってＡの犯罪事実を立証しようとしていることが明らかである。

そうすると、上記Ａの供述部分は「検証の結果」ということはできず、「被告人の供述を録取した書面」（322条1項）というべきであり、Ａの署名・押印がないのであるから、この部分を証拠とすることはできない。

イ (2)の場合

本件実況見分調書は、Ｋが自己の五官の作用を用いて知覚・記憶した結果を書面で再現したものであり、強制の処分ではないものの、「司法警察職員の検証の結果を記載した書面」に他ならないから、Ｋが公判で「証人として尋問を受け、その真正に作成されたものであることを供述したとき」は、これを証拠とすることができる（321条3項）。

この点、同実況見分調書には、Ａの供述とも考えられる記載があり、この部分について、別途伝聞法則の適否を吟味する必要がないか、問題となる。

しかし、Ｐは、同実況見分調書をＡとＶの位置関係を証する証拠として取調べを請求しているところであり、上記記載は「検証の結果」である甲地点、乙地点を指示、特定するために記載されたものであって、検証の契機を示し、その経緯を説明するものに過ぎないことが明らかである。そうすると、これらはまさしく「検証の結果」の一部であって、「被告人の供述を録取した」（322条1項）ものではない。

よって、本件実況見分調書は、321条3項の要件を充たせば、その全体を証拠とすることができる。

設問 7　ＡとＢは、殺人および死体遺棄の疑いで起訴された。各自の公判は分離されている。

Ｂは当初から事実を認めており、取調べ段階で、検察官Ｐの面前で、犯行の詳細を供述し、検察官面前調書に署名・押印した。

Ａの公判において、Ｂが証人として出廷したが、Ｂは大半の質問に対して証言を拒否した。証言拒絶の理由について、Ｂは、自身の刑事裁判が係属中であり、弁護人Ｌと相談した結果、現時点では証言はできないが、被害者遺族の立場を考えると、自分としては証言をしたいという気持ちがあると述べた。

上記検察官面前調書について証拠能力を認めることができるか。

321 条 1 項 2 号前段には、証人が証言を拒絶していることは要件として記載されていない。しかし、同号が供述不能の事由を掲記しているのは、供述者を裁判所で証人として尋問することを妨げるべき障害事由を示したもので、これと同様またはそれ以上の事由の存する場合、検察官調書に証拠能力を認めることを妨げるものではない。よって、証人が証言を拒絶する場合も、「公判期日において供述することができない」場合に当たるというべきである。

ただし、供述不能の要件は、証人尋問が不可能または困難なため例外的に伝聞証拠を用いる必要性を基礎づけるものであるから、一時的な供述不能では足りず、その状態が相当程度継続して存続しなければならない。そうすると、本問については、Ｂ自身の刑事裁判の審理が進み、弁護人の了解が得られれば、合理的な期間内に証言拒絶の理由が解消し、Ｂが証言する見込みが高いのであるから、Ｙが一時的に証言を拒絶したからといって、直ちに 321 条 1 項 2 号前段により上記検察官面前調書について証拠能力を認めることはできない[84)]。

設問 8　Ａは、保険外交員Ｖに対し、保険に加入したいので説明を受けたい旨申し向け、Ｖを自宅によび寄せた。ＡはＶに、睡眠薬入りのコーヒーを飲ませ、Ｖが抗拒不能となったところを姦淫しようとしたが、その前にＶが逃げたため、その目的を遂げることができなかった。Ｖは逃げ出したのち、必死で自宅に帰り着いたが、睡眠薬の影響で、すぐに警察に通報することなく、自宅の玄関口で寝入ってしまった。

84)　東京高判平成 22 年 5 月 27 日判タ 1341 号 250 頁。

Ｖは、その約３時間後、友人Ｆからの電話で目を覚ました。ＶはＦに、前夜、Ａ宅で睡眠薬が入っていたと思われるコーヒーを飲むよう強く勧められたので飲んだところ、急に気分が悪くなって、すぐにＡ宅から逃げ出した旨を話した。ＶはＦに促され、すぐに上司Ｇに電話をして、Ｇにも同様の話をした。Ｖはさらに、Ｇに促されて警察に電話をし、駆けつけた警察官Ｋおよび救護隊員Ｈにも同様の話をした。

Ａは準強制性交等未遂罪により起訴されたが、犯行を否認した。

検察官ＰはＶを証人とすることを検討したが、Ｖは公判の時点では、コーヒーを飲んだ時点以降の記憶がない状態であった。これは、睡眠薬の影響によるものであった。そこで検察官はＦ、Ｇ、ＫおよびＨの証人尋問を請求し、Ｆ、Ｇ、ＫおよびＨは、「事件の翌日朝、Ｖから、電話で、『前夜、Ａ宅で睡眠薬が入っていたと思われるコーヒーを飲むよう強く勧められて飲んだところ、急に気分が悪くなって、すぐにＡ宅から逃げ出した』と言われた」旨を証言した。各自の証言は、細部まで符合するものであった。

上記Ｆらの証言中、Ｖの原供述を内容とする部分に証拠能力が認められるか。

検察官Ｐは、Ｆ、Ｇ、Ｋ、Ｈ（以下「Ｆら」という）の証言により、Ｆらの証言において引用されているＶの原供述の内容が真実であるという前提のもと、ＶがＡから睡眠薬を飲まされた事実を立証しようというのであって、Ｖの原供述を内容とする部分は「被告人以外の者の…公判期日における供述で被告人以外の者の供述をその内容とするもの」（324条２項）であるから、Ｖの原供述については、321条１項３号の要件を充たさない限り、証拠能力がない。

Ｖは、睡眠薬の影響によって犯行直後の記憶が欠落しており、「精神…の故障」により「供述することができ［ない］」。

また、Ａが否認し、Ｖ自身が供述することができない本問において、Ｆらの供述は「犯罪の存否の証明に欠くことができない」ものといえる。

Ｖの上記供述は、犯罪とは無縁の社会人として活動しているＶにとって極めて衝撃的な事態に遭遇した興奮状態のもとで、嘘や誇張を言おうなどと考える間もなく、いわば衝動的に述べたものと認められる。また、Ｖは、いずれも睡眠薬を服用したと考えられる時刻からおよそ３時間以内という、Ｖの記憶が比較的鮮明であると思われる時間に、それぞれ別個独立にＦらに話をしたものであり、しかもその内容は相互に符合している上、抱きつかれたことは身体の接触を伴い記憶に残りやすいことからすると、その信用性は極めて高い。そうすると、Fら4名が、本件当日Vから聞いた、Vの記憶が欠けている間に起きたことに関する証言は、当時Vの置かれていた状況やその供述動機等の諸状況を基盤とし、供述内容をも考慮するならば、特に信用すべき情況の下にされたものということができる。

よって、Vの原供述を内容とする部分は、321条1項3号の要件を充たし、証拠能力が認められる[85]。

設問9　Aは、Bと共謀して、Vを包丁で刺して殺害したとして、殺人の容疑で逮捕・勾留された。Aは捜査段階では被疑事実を認めていたが、公判では否認に転じた。なお、AとBの公判は分離されている。

Wは、たまたま犯行現場を通りかかり、Aが包丁でVの腹部を刺して殺害する現場を目撃していた。

Wは、毎日欠かさずに日記をつけており、Aの犯行を目撃した日もその様子を日記に記載していた。この日の記載は、次のとおりである。

「○月○日　夜、10時に散歩に出かける。××公園前で、人殺しを見てしまった。

背の高い男が太った男を包丁で刺したのだ。犯人の後ろには、もう1人、背の低い男がいて、犯人に、①『さっさとやれ』と言っていた。刺した方の犯人は、ドレッドヘアーで、左右の肘の辺りまで派手な入れ墨をしていた。この男は、②『わかった』と言って、太った男の腹を包丁で刺したのだ。この男は、包丁を刺す瞬間、③『V、死ね』と怒鳴っていた。刺された方は、④『Aさん、Bさん、やめてくれよ』と叫んでいた。犯人たちが立ち去った後、被害者の方に近寄ると、被害者が虫の息で話しかけてきて、⑤『私を刺したのはAという男で、ヤミ金融業者です。側にいたのはAの上司Bという男で、AとBは、以前から、私が借りたお金を返せないので、私のことを殺してやると言って、脅かしていたのです』と言っていた。なんて恐ろしいことだ…」。

Wは、この日記を警察に任意提出した後、交通事故に遭って死亡してしまった。

検察官Pはこの日記を、「AとBの共謀、AがVを刺殺したこと」を立証趣旨として証拠調べ請求した。

85)　大阪地判平成23年9月28日判タ1398号377頁。

日記を証拠とすることができるか、これができるとして、上記①から⑤の記載について、証拠能力が認められるか（必要に応じて適宜場合分けをすること）。

Wの日記は伝聞証拠であるが（320条1項）、「被告人以外の者が作成した供述書」に他ならないから、321条1項3号の要件を充たす限り、証拠能力が認められる。

Wは死亡しており、供述不能は明らかである。また、被告人は犯行を否認しており、被告人の犯行への関与を推認すべき証拠はWの目撃供述以外にないのであるから、本件日記は犯罪事実の証明に不可欠ということができる。そして、Wは毎日日記をつけており、その記載は詳細かつ具体的であって、あえて虚偽を記載すべき理由もない。したがって、特に信用すべき情況において作成されたものということができ、結局、本件日記は321条1項3号により証拠能力が認められる。

他方、本件日記には、WがA、BやVの供述を引用した部分がある。これらについて、別途、伝聞証拠であるか否かが問題となる。以下、個別に検討する。

ア　供述①および②について

伝聞証拠について原則として証拠能力が否定される（320条1項）のは、人が見聞きした事象を後に人の供述として再現し、これを証拠にする場合、知覚・記憶・表現・叙述の各過程において誤りが混入しやすく、事実認定を誤る類型的なおそれがあることから、公判廷における反対尋問（憲法37条2項前段参照）の吟味を経ない限り、これを証拠として認めないこととしたものである。

そうすると、人の供述を証拠とする場合であっても、当該供述の内容が真実であるとしてこれを立証に用いようとするのではなく、当該供述がなされたこと自体を証拠とする場合には、上記の類型的なおそれは該当し得ないから、これについて伝聞法則を適用する必要はない。したがって、伝聞証拠とは、あらゆる供述証拠を指すのではなく、「公判期日における供述に代わる書面または公判期日外における他の者の供述を内容とする供述であって、その原供述の内容である事実の証明に用いられる証拠」を指すものというべきである。

供述①と②は、いずれも、BとAの供述内容が真実であるとしてこれを立証に用いようとするものではなく、AとBの間で上記の会話がなされ、これにより、犯行の現場においてAB間に共謀がなされたことを証するものであるから（すなわち、要証事実は、AB間に共謀があったことである）、いずれも伝聞証拠ではない。

よって、供述①と②は、いずれも証拠能力が認められる。

イ　供述③について

供述③は、Aの発言の内容の真実性を問題とするものではなく、Aの行為と一体となってAの殺害行為を基礎づけるものであるから伝聞証拠ではない。

よって、供述③は、証拠能力が認められる。

ウ　供述④について

供述④は、Vの発言から、加害者がAとBであったことを立証しようとするものであり、一見すると、発言内容の真実性が問題となり、伝聞法則の適用があるようにも思われる。

しかし、Vの発言は、Vが面識のあるAとBに対面し、とっさに両名に命乞いをしたものであって、発言の過程において、事象を知覚し、記憶するという過程が欠落している。かかる場合には、伝聞証拠が抱える類型的な事実誤認のおそれは少なく、伝聞法則を適用する必要がない。

よって、供述④は、証拠能力が認められる。

エ　供述⑤について

供述⑤は、原供述者Vが、自己の記憶に従って、加害者らの人定にかかる詳細や犯行に至る経緯を説明し、その内容を立証に供するものであり（要証事実はABの犯人性と犯行経緯）、まさに原供述の内容の真実性が問題となるべき場面であるから、供述⑤は伝聞証拠であり、原則として証拠能力がない（320条1項）。

ここで、公判供述において他の者の供述が引用された場合（324条）とは異なり、書面において他の者の供述が引用されている本問のような場合について、直接規定した法文はない。しかし、いわゆる伝聞例外の規定により書面に証拠能力が認められる場合、かかる書面は「公判期日における供述に代［わる］書面」（320条1項）として扱われるのであるから、324条を類推し、引用された原供述が321条1項3号の要件を充たすのであれば、証拠能力を認めてよい。

本問についてみると、Vは死亡して供述が不能であること、被告人らは犯行を否認しており、犯行経緯については上記Vの供述が立証上不可欠であること、Vは今際の際に最後の力を振り絞ってWに事実経緯を訴えたものであって、あえて虚偽を述べる理由はなく、その供述は特に信用すべき情況においてなされたものといえることから、結局、供述⑤についても同号の要件を充たし、例外的に証拠能力が認められる。

第5　司法試験過去問編

本章では、平成20年度から令和3年度までの司法試験論文問題（刑事訴訟法の分野）の過去問について、解答例を示している。伝聞法則に関する司法試験の論文問題は、過去、平成では、24年度と26年度以外ではすべて出題され、令和に入ってからは、令和3年度にのみ出題されたにとどまるが、いずれにせよ、伝聞法則の分野は重要なものであり、繰り返し出題されていることを認識してほしい。

なお、解答例については、本書の趣旨を踏まえ、伝聞法則にかかわる部分のみを示している。また、各解答例は、形式面を除いて、あえて答案スタイルを統一していない。読者は、それぞれの執筆者（編者を含む）のスタイルを参考にして、自己独自の答案スタイルを確立していただきたい。

【平成20年】〔第2問〕（配点：100）

次の【事例】を読んで，後記〔設問1〕及び〔設問2〕に答えなさい。

【事　例】

1．警察は，暴力団X組による覚せい剤密売の情報を入手し，捜査を行った。その結果，覚せい剤取締法違反（譲渡罪）の前科1犯を有しているX組幹部の甲が，覚せい剤を密売してX組の活動資金を得るという営利の目的で，平成20年1月上旬ころ，Aマンション201号室の甲方において，多量の覚せい剤を所持しているという嫌疑が濃厚となった。そこで，警察は，前記覚せい剤営利目的所持の犯罪事実で，差し押さえるべき物を，本件に関係する覚せい剤，小分け道具，手帳，ノートとし，捜索すべき場所を，Aマンション201号室の甲方とする捜索差押許可状の発付を受けた。

甲方は，5階建てのAマンションの2階にあり，その間取りは4LDKバストイレ付きであって，甲方の玄関ドアの右隣には，共用部分の通路に面して，ガラス窓が設置されており，その窓は，アルミサッシ製で，2枚のガラス（各ガラスの大きさは，縦1.2メートル，横0.9メートルである。）が引き戸になっている。ほかに同通路に面した窓はない。甲方には，常時，X組の組員2，3名が起居している。

なお，覚せい剤営利目的所持の罪とは，「営利の目的」つまり，犯人が自ら財産上の利益を得，又は第三者に得させることを動機・目的として，覚せい剤をみだりに所持した罪をいい，その法定刑は，1年以上の有期懲役，又は情状により1年以上の有期懲役及び500万円以下の罰金である。

2．平成20年1月15日午前8時ころ，司法警察員警部補Pは，前記捜索差押許可状を携帯して，司法警察員巡査部長Qら5名の部下とともに甲方の捜索に赴き，甲方玄関ドア前の通路に集まった。Qが甲方のドアチャイムを鳴らしたところ，甲方内からドア付近まで近づいてくる足音が聞こえ，その直後，「何ですか。」という男の声がした。そこで，Qは，ドア越しに「警察だ。ドアを開けろ。」と告げたが，ドアは開けられることなく，「やばい。」などという男の声がして，ドア付近から人が遠ざかる足音が聞こえ，さらに，室内から，数人が慌ただしく動き回る足音が聞こえた。Qは，ドアノブを回してドアを開けようとしたが，施錠されていたので，ドアを手で激しくたたき，ドアチャイムを鳴らしながら，「早く開けろ。捜索令状が出ている。」と数回にわたり怒鳴ったが，ドアが開けられる気配はなく，また，甲方内からの応答もなかった。そこで，Qは，甲方の玄関ドアの右隣にあるガラス窓を開けようとしたが，施錠されていたので，所持していた手錠を用いて向かって右側のガラス1枚を割って，約20センチメートル四方の穴を開けた。この時点で，最初に警察であることを告げてから約30秒が経過していた。Qは，その穴から手を差し込んでガラス窓内側のクレセント錠を外した上，同ガラス窓を開けてそこから甲方内に入った。

Pら5名は，Qに続いて，順次，そのガラス窓から甲方内に入り，「置いてある物に触るな。」と言いながら甲方内の各部屋に散っていった。Qらが，甲方内に在室している人物を確認したところ，甲がリビングルームに，2名の組員がそれぞれ別々の部屋にいて，合計3名が甲方内に在室していることが判明し，Qらは，これら3名の近くで，その行動を注視できる位置についた。そこで，Pは，甲に対し，前記捜索差押許可状を示した。この時点で，Qが最初に甲方内に入ってから約3分が経過していた。その後，Pらは，甲を立会人として，覚せい剤等を探し始めた。Qは，リビングルームに置かれたサイドボードの引き出しの中から赤色ポーチを発見し，これを開けて見たところ，同ポーチ内には，ビニール袋入りの50グラムの白色粉末があった。

3．そこで，Qが，甲の承諾を得て，その場で白色粉末の予試験を実施したところ，これが覚せい剤であることが確認できた。

Qは，「被疑者甲は，みだりに，営利の目的で，平成20年1月15日，Aマンション201号室の甲方において，覚せい剤50グラムを所持した。」という被疑事実で，甲を現行犯人として逮捕するとともに，刑事訴訟法第220条第1項第2号により，この覚せい剤を差し押さえた。

なお，Qが割った甲方の窓ガラスは，直ちに，業者により修復され，その費用は2万円であった。

4．甲は，逮捕，勾留中の取調べにおいて，「発見された覚せい剤は私のものではない。覚せい剤については一切知らない。」などと供述し，一貫して否認した。

警察が捜査したところ，甲がWという女性と交際していることが分かった。Wは，5年前から会社員として働いているが，以前，会社員として働く傍ら，クラブでホステスのアルバイトをしていたことがあり，そのクラブに客として来ていた甲と知り合い，約1年前から甲と交際するようになった。Wは，その直後，アルバイトを辞め，週末に甲方に通って，掃除をしたり洗濯をするなど，甲の身の回りの世話をし，甲も，月に数回の割合で，Wが住んでいたアパートの部屋に泊まりに行くなどしていた。

以上の状況から，W方に，本件犯行に関する証拠物が存在する蓋然性が高まったので，警察は，W方の捜索差押許可状の発付を受け，平成20年1月18日，Wが不在であったため，アパートの管理人を立会人としてW方を捜索し，鍵が掛けられていた机の引き出しの中からノート1冊（以下「本件ノート」という。）を発見して，これを差し押さえた。

5．本件ノートは，市販されている100枚綴りのものであり，その表紙には，「平成17年10月13日～」と記載されている。各ページには，日付とそれに続く数行の記載がある。それらの日付は，平成17年10月13日で始まり，1週間に3日ないし5日程度の割合で，その経過順に記載されていて，平成20年1月15日で終わっている。そして，それぞれの日付の下には，買物に行ったこと，食事をしたこと，友人と会ったこと等の出来事やそれに関する感想が記載されている。これらの記載部分は，日によって，万年筆で書かれたり，ボールペンで書かれたりしているが，空白の行やページは無い。

記載のある最終ページは，**【資料】**（［本書107頁］参照）のとおりであり，同月6日，9日及び15日分の文字は万年筆で，同月11日，12日及び14日分のそれはボールペンで，それぞれ書かれている。

本件ノートに記載された文字の筆跡は，すべてWのものである。

6．警察は，本件ノートの記載内容についてWを取り調べようとしたが，Wは，交通事故に遭い，平成20年1月20日に死亡していたため，取り調べることができなかった。なお，事故の際，Wは，B社製の茶色ショルダーバッグを持っており，そのバッグの中には，W方の鍵と前記机の引き出しの鍵が入っていた。

そして，捜査の結果，C百貨店が，同月6日，前記ショルダーバッグと同じ種類の物1個を，9万8000円で売ったこと，同月12日午前10時18分，W方付近にある銀行に設置された現金自動預払機において，W名義の普通預金口座から現金3万円が払い戻されたこと，Wが，同日，D子と一緒にE市内にある映画館で映画を見てから，ショッピング街でアクセサリーや洋服を見て回ったことが明らかとなった。

7．その後，検察官は，所要の捜査を遂げて，「被告人甲は，みだりに，営利の目的で，平成20年1月15日，Aマンション201号室の甲方において，覚せい剤50グラムを所持した。」という公訴事実で，甲を起訴した。

甲は，第一回公判期日において，前記公訴事実につき，「私のマンションで発見された覚せい剤は私のものではありませんし，これを所持したことはありません。もちろん営利の目的もありません。」と陳述し，弁護人も同趣旨の陳述をした。

検察官は，「Wが平成20年1月14日に甲方で本件覚せい剤を発見して甲と会話した状況，本件覚せい剤を甲が乙から入手した状況及びX組が過去に覚せい剤を密売した際の売却価格」という立証趣旨で，証拠物たる書面として本件ノートの証拠調べを請求した。

これに対し，甲の弁護人は，「証拠物としての取調べに異議はないが，書証としては不同意である。」との意見を述べた。

甲と本件覚せい剤を結び付ける証拠並びに本件覚せい剤の入手状況及び過去の覚せい剤の売却価格に関する証拠は，本件ノート及び甲方で押収された本件覚せい剤以外にはない。

〔**設問1**〕 本件ノートの証拠能力について，その立証趣旨を踏まえ，具体的事実を摘示しつつ論じなさい。ただし，その捜索差押手続の適法性については論じる必要はない。

〔**設問2**〕 甲方の捜索の適法性について，具体的事実を摘示しつつ論じなさい。

【資　料】　W方で押収された本件ノートの最終ページ

平成20年

1月6日

正月休みも今日で終わり。明日から仕事だ，頑張ろう。でも，休みボケで，仕事のことを考えるとちょっとゆううつ。週末が待ち遠しい。

おいしいと評判のイタリアンレストランへ甲に連れていってもらった。確かにパスタがおいしかった。

食事の後，C百貨店で前から欲しかったB社の茶色のショルダーバッグを甲におねだりして買ってもらった。9万8000円もしたのに…。甲は優しい。

1月9日

今日，甲が来る予定だったのに来なかったので，電話してみた。

体調が悪いらしく，甲の電話の声に元気がなかった。

ちょっと，心配。週末には元気になっているといいな。

もうすぐ午前零時だ。明日の仕事にも差し支えるので，もう寝よう。

1月11日

明日から3連休だ。明日はD子と映画に行く予定。映画を見るのは久し振り。

銀行に行くのを忘れた。明日，ATMでお金を下ろさないと。

3万円あれば，次のお給料日までは大丈夫かな。

1月12日

今日は，E市に出て，D子と一緒に映画を見た。アクション物で面白かった。

最近はDVDを借りて家で見ることが多いけど，やっぱり映画館の大きなスクリーンで見ると迫力が違う。その後，ウインドウショッピングをして帰る。

1月14日

今日，甲のマンションに行った。洗濯物もたまっていて，思ったより時間がかかった。

掃除をしているとき，サイドボードの引き出しの中に，見慣れない赤色のポーチを見つけた。女物のようだったので，私のほかに女でもと思って中を見ると，白い粉がビニール袋に入っていた。急に，甲が，「それに触るな。」と言って，私からそのポーチを取り上げた。私は，びっくりして，「何なの，それ？」と聞くと，甲は，「おまえがいた店にも連れていったことのあるY組の乙から覚せい剤50グラムを250万円で譲ってもらった。うちの組では，これまで，0.1グラムを1万5000円で売ってきたんだ。だれにも言うなよ。」と言った。

覚せい剤なんて生まれて初めて見た。何だか怖い。甲が警察に捕まったりしないのか心配。私もあんなものを見て何か罪にならないのか心配。正直，あんなもの見なければよかったと思う。

不安で今晩は眠れそうもない。でも，もう日が変わるので早く寝ないと…。

1月15日

今日からまた仕事が始まった。頑張ろう。
甲と連絡が取れない。今日は，ずっと留守電になっている。
どうしたんだろう。何だか胸騒ぎがする。

【解答例】

第1　設問1について

1．　本件ノートはWが記載した書面であり、Wの供述書として、伝聞法則（320条1項）により、証拠能力が認められないのではないか。

2．　伝聞証拠について一般に証拠能力が否定される（320条1項）のは、人の供述には知覚・記憶・表現・叙述という過程において誤りを生じるおそれがあるため、公判廷において宣誓の上、一定の制裁の下、反対尋問によるテストを経ない限り、供述の真偽を吟味することができず、事実認定を誤る類型的なおそれがあるからである。そうすると、伝聞証拠に当たるか否かは反対尋問（憲法37条2項前段参照）により供述内容の真偽を吟味する必要があるかによることになり、要証事実との関係で供述内容の真実性が問題となる場合に限られるのであって、当該供述がなされたこと自体をもって一定の事実を立証する場合には伝聞法則の適用はない。

3．　検察官は本件ノートと事実の関係（立証趣旨）について、①Wが平成20年1月14日に甲方で本件覚せい剤を発見して甲と会話した状況、②本件覚せい剤を甲が乙から入手した状況、③X組が過去に覚せい剤を密売した際の売却価格の3つとしている。

これら立証趣旨との関係では、本件ノートが存在すること自体は証拠上特段の意味はなく、検察官は、本件ノートに記載されたWと甲の会話の内容に基づき、甲が覚せい剤を有償で転売するためこれを所持していた事実を立証しようとするものであるから、本件ノートは伝聞証拠となる。

4．　では、伝聞例外に該当するか。

(1)　本問では、弁護人は、書証としては不同意との意見を述べているので、326条により証拠能力を認めることはできない。

(2)　本件ノートは、Wが、おおむね日にち順に過去の出来事を記載していることから、特に信用すべき情況において作成された書面として、323条3号により、証拠能力が認められないか。

しかし、323条は、供述者の主観を排し、定型的、反復的に作成される特定の書面について、例外的に証拠能力を認めるものであって、同条3号の「特に信用すべき情況」は、1号（公務文書）、2号（業務文書）の各書面に匹敵する高度の定型性を有し、一見して高度の信用性が類型的に保障されている場合を指すものというべきである。

本件ノートは、おおむね日にち順に記載があるとはいえ、2、3日おきに、不定期に記載がされており、内容もごく私的な出来事や感想が書き連ねられているに過ぎない。また、記載方法も、ある時は万年筆が使われ、ある時はボールペンが使われているというものであって、公務文書や業務文書に準じるような定型性に欠けるから、特に信用すべき情況があるとはいえない。

(3)　結局、本件ノートは、「被告人以外の者が作成した供述書」のうち、321条1項1号および2号に掲げる書面以外の書面として、同項3号により証拠能力の有無を検討すべきである。

ア　供述不能について

Wは、交通事故に遭い、平成20年1月20日に「死亡」していて、「公判期日において供述をすることができ」ない。

イ　不可欠性について

設問から、甲と覚せい剤を結びつける証拠ならびに本件覚せい剤の入手状況および過去の覚せい剤の売却価格に関する証拠は、本件ノートおよび甲方で押収された本件覚せい剤以外にはないというのであるから、本件ノートは「犯罪事実の存否の証明に欠くことができない」。

ウ　特信情況について

次のとおり、本件ノートは、「特に信用すべき情況の下に作成されたもの」ということができる。

(ア)　本件ノートは、1週間に3日から5日という高い頻度で、出来事や感想が、日付ごとに、経過順に記載されており、記載には万年筆やボールペンが使われていて、空白の行やページはないというのであり、Wは、本件ノートを日記として、その日の体験をその都度記載していたことが明らかであり、後日加筆したような形跡もない。

(イ)　本件ノートの筆跡はすべてWのものである上、Wは、本件ノートを自室の鍵のかかった机の引き出しに入れ、日頃からこの鍵をバッグに入れて持ち歩いていたというのであって、W以外の者が本件ノートに記載を加えることは考えがたい。

また、かかる保管形態に加え、記載内容がごく私的な事項に限られ、Wの主観にわたる記載がまま見られることから、Wが本件ノートを他人に見られることを想定していなかったことは明らかであり、Wがこれにあえて虚偽を記載する理由は見当たらない。

(ウ) バッグの購入や現金の引き下ろし、友人と映画を見た経緯など、記載内容について客観的な裏付けもなされている。

エ 以上のとおり、本件ノートは、321条1項3号の要件を充たす。

5. 甲の発言

(1) 他方、本件ノートには、Wが甲の発言を書き取った部分がある。供述書の中に、別途被告人の発言が引用して記載されている場合、かかる発言部分（原供述）について、伝聞例外を定める規定はない。しかし、供述書が321条1項各号により証拠能力が認められる場合、かかる供述書は、「公判期日における供述に代えて」（320条1項）書面を証拠とすることが許されたものに外ならないから、これに含まれる被告人の原供述については、324条1項を類推し、322条1項の規定による証拠能力の有無を吟味すべきである。

以下、順次検討する。

(2) 検察官は、Wが平成20年1月14日に甲方で本件覚せい剤を発見して甲と会話した状況を立証趣旨として挙げているところ、同日の欄に、Wが覚せい剤を見つけて手に取ろうとした際、甲が「それに触るな」と言ったことが記載されている。

検察官としては、甲の上記発言そのものから、甲が覚せい剤の存在を認識し、本件覚せい剤を現実的に支配していたことを明らかにし、ひいて甲の覚せい剤所持とその認識を立証しているのであって、甲の発言内容の真実性が問題となる場面ではない。

このように、供述証拠であっても、当該供述があったこと自体から一定の事実を証明する場合（いわゆる非伝聞）には、供述の内容が真実であるとして当該内容事実の存在を証するもの（伝聞証拠）とは異なり、人の知覚・記憶・表現・叙述の過程に混入し得る過誤を反対尋問等によってテストし、真偽を吟味する必要はない。

よって、上記発言は伝聞証拠とはいえないから、本件ノートに証拠能力が認められる以上、上記発言部分も証拠能力を認め得る。

(3)　検察官は、本件覚せい剤を甲が乙から入手した状況およびX組が過去に覚せい剤を密売した際の売却価格を立証趣旨とするところ、甲は、「Y組の乙から覚せい剤50グラムを250万円で譲ってもらった」「X組では、0.1グラムを1万5000円で売ってきた」旨発言している。

検察官は、甲のこの発言内容の真実性を前提に、甲が本件覚せい剤を乙から低額で入手した事実やX組幹部の甲が覚せい剤を高値で売り捌くという営利目的で所持していた事実を立証しようとしており、上記発言はまさしく伝聞証拠であって、324条1項を類推し、322条1項によって証拠能力の有無を検討すべきである。

ア　甲の上記発言は、営利目的と所持の事実を自認するものであって、「不利益な事実の承認を内容とするもの」であることは明らかである。

イ　甲の上記発言は、自宅において、愛人Wと2人きりの状況でなされたものであって、任意にされたものでない疑いがあるとはいえない。

ウ　よって、上記発言は、324条1項を類推し、322条1項により証拠能力が認められる。

第2　設問2について

（省略）

以上

【平成21年】〔第2問〕（配点：100）

次の【事例】を読んで，後記〔設問1〕及び〔設問2〕に答えなさい。なお，【資料1】の供述内容は信用できるものとし，【資料2】の捜索差押許可状は適法に発付されたものとする。

【事　例】

1．警察は，平成21年1月17日，軽自動車（以下「本件車両」という。）がM埠頭の海中に沈んでいるとの通報を受け，海中から本件車両を引き上げたところ，その運転席からシートベルトをした状態のVの死体が発見された。司法解剖の結果，Vの死因は溺死ではなく，頸部圧迫による窒息死であると判明した。警察が捜査すると，埠頭付近に設置された防犯カメラに本件車両を運転している甲野太郎（以下「甲」という。）と助手席にいるVの姿が写っており，その日時が同年1月13日午前3時5分であった。同年1月19日，警察が甲を取り調べると，甲は，Vの頸部をロープで絞めて殺害し，死体を海中に捨てた旨供述したことから，警察は，同日，甲を殺人罪及び死体遺棄罪で逮捕した。勾留後の取調べで，甲は，Vの別居中の妻である乙野花子（以下「乙」という。）から依頼されてVを殺害したなどと供述したため，司法警察員警部補Pは，その供述を調書に録取し，**【資料1】**の供述調書（［本書116頁］参照）を作成した。

2．警察は，前記供述調書等を疎明資料として，殺人，死体遺棄の犯罪事実で，捜索すべき場所をT化粧品販売株式会社（以下「T社」という。）事務所とする捜索差押許可状の発付を請求し，裁判官から**【資料2】**の捜索差押許可状（［本書118頁］参照）の発付を受けた。なお，同事務所では，T社の代表取締役である乙のほか，A及びBら7名が従業員として働いている。

Pは，5名の部下とともに，同年1月26日午前9時，同事務所に赴き，同事務所にいたBと応対した。乙及びAらは不在であり，Pは，Bを介して乙に連絡を取ろうとしたが，連絡を取ることができなかったため，同日午前9時15分，Bに前記捜索差押許可状を示して捜索を開始した。Pらが同事務所内を捜索したところ，電話台の上の壁にあるフックにカレンダーが掛けられており，そのカレンダーを外すと，そのコンクリートの壁にボールペンで書かれた文字を消した跡があった。Pらがその跡をよく見ると，「1/12△フトウ」となっており，「1/12」と「フトウ」という文字までは読み取ることができたが，「△」の一文字分については読み取ることができなかった。そこで，Pらは，壁から約30センチメートル離れた位置から，その記載部分を写真撮影した［**写真①**］。

3．同事務所内には，事務机等のほかに引き出し部分が5段あるレターケースがあり，Ｐらがそのレターケースを捜索すると，その３段目の引き出し内に預金通帳２冊，パスポート１通，名刺10枚，印鑑２個，はがき３枚が入っていた。Ｐが，Ｂに対し，その引き出しの使用者を尋ねたところ，Ｂは，「だれが使っているのか分かりません。」と答えた。そこで，Ｐらがその預金通帳２冊を取り出して確認すると，１冊目はＸ銀行の普通預金の通帳で，その名義人はＡとなっていて，取引期間が平成20年６月６日からであり，現在も使われているものであった。２冊目はＹ銀行の普通預金の通帳で，その名義人はＡとなっていて，取引期間が平成20年10月10日からであり，現在も使われているものであった。Ｘ銀行の預金口座には，不定期の入出金が多数回あり，その通帳の平成21年１月14日の取引日欄に，カードによる現金30万円の出金が印字されていて，その部分の右横に「→T.K」と鉛筆で書き込まれていたが，そのほかのページには書き込みがなかった。また，Ｙ銀行の預金口座には，Ｔ社からの入金が定期的にあり，電気代や水道代などが定期的に出金されているほか，カードによる不定期の現金出金が多数回あった。その通帳には書き込みはなかった。次に，Ｐらがその引き出し内にあるパスポートなどを取り出し，それらの内容を確認すると，パスポートの名義が「乙野花子」で，名刺10枚は「乙野花子」と印刷されており，はがき３枚のあて名は「乙野花子」となっていた。印鑑２個は，いずれも「A」と刻印されていて，Ｘ銀行及びＹ銀行への届出印と似ていた。Ｐらは，その引き出し内にあったものをいずれも元の位置に戻した上，その引き出し内を写真撮影した。

４． 引き続き，Ｐらは，Ｘ銀行の預金通帳を事務机の上に置き，それを写真撮影しようとすると，Ｂは，「それはＡさんの通帳なので写真を撮らないでください。」と述べ，その写真撮影に抗議した。しかし，Ｐらは，「捜査に必要である。」と答え，その場で，その表紙及び印字されているすべてのページを写真撮影した［**写真②**］。さらに，Ｐらは，Ｙ銀行の預金通帳を事務机の上に置き，同様に，その表紙及び印字されているすべてのページを写真撮影した［**写真③**］。なお，Ｐらは，Ｘ銀行の預金通帳を差し押さえたが，Ｙ銀行の預金通帳は差し押さえなかった。

５． 次に，Ｐらは，パスポート，名刺，はがき及び印鑑を事務机の上に置き，パスポートの名義の記載があるページを開いた上，そのページ，名刺10枚，はがき３枚のあて名部分及び印鑑２個の刻印部分を順次写真撮影した［**写真④**］。なお，Ｐらは，そのパスポート，名刺，はがき及び印鑑をいずれも差し押さえず，捜索差押えを終了した。

６． その後，捜査を継続していたＰらは，平成21年２月３日，甲の立会いの下，Ｍ埠頭において，海中に転落した本件車両と同一型式の実験車両及びＶと同じ重量の人形を用い，本件車両を海中に転落させた状況を再現する実験を行った。

なお，実験車両は，本件車両と同じオートマチック仕様の軽自動車であり，現場は，岸壁に向かって約１度から２度の下り勾配になっていた。

Ｐらは，甲に対し，犯行当時と同じ方法で実験車両を海中に転落させるよう求めると，甲は，本件車両を岸壁から約５メートル離れた地点に停車させたと説明してから，その地点に停車した実験車両の助手席にある人形を両手で抱えて車外に持ち出した。甲は，その人形を運転席側ドアまで移動させてから車内の運転席に押し込み，その人形にシートベルトを締めた。そして，甲は，運転席側ドアから車内に上半身を入れ，サイドブレーキを解除した上，セレクトレバーをドライブレンジにして運転席側ドアを閉めた。すると，同車両は，岸壁に向けて徐々に動き出し，前輪が岸壁から落ちたものの，車底部が岸壁にぶつかったため，その上で止まり，海中に転落しなかった。甲は，同車両の後方に移動し，後部バンパーを両手で持ち上げ，前方に重心を移動させると，同車両が海中に転落して沈んでいった。その後，Ｐらが海中から同車両を引き上げ，その車底部を確認したところ，車底部の損傷箇所が同年１月17日に発見された本件車両と同じ位置にあった。

７．Ｐは，この実験結果につき，実況見分調書を作成した。同調書には，作成名義人であるＰの署名押印があるほか，実況見分の日時，場所及び立会人についての記載があり，実況見分の目的として「死体遺棄の手段方法を明らかにして，証拠を保全するため」との記載がある。加えて，実況見分の経過として，写真が添付され，その写真の下に甲の説明が記載されている。

具体的には，岸壁から約５メートル離れた地点に停止している実験車両を甲が指さしている場面の写真，甲が両手で抱えた人形を運転席に向けて引きずっている場面の写真，甲が運転席に上半身を入れて，サイドブレーキを解除し，セレクトレバーをドライブレンジにした場面の写真，同車両の前輪が岸壁から落ちたものの車底部が岸壁にぶつかってその上で同車両が止まっている場面の写真，甲が同車両の後部バンパーを両手で持ち上げている場面の写真，同車両が岸壁から海中に転落した場面の写真，同車両底部の損傷箇所の位置が分かる写真が添付されている。そして，各写真の下に「私は，車をこのように停止させました。」，「私は，助手席の被害者をこのように運転席に移動させました。」，「私は，このようにサイドブレーキを解除してセレクトレバーをドライブレンジにしました。」，「車は，このように岸壁の上で止まりました。」，「私は，このように車の後部バンパーを持ち上げました。」，「車は，このように海に転落しました。」，「車の底には傷が付いています。」との記載がある。

８．その後，同年２月９日，検察官は，被告人甲が乙と共謀の上，Ｖを殺害してその死体を遺棄した旨の公訴事実で，甲を殺人罪及び死体遺棄罪により起訴した。

被告人甲は，第一回公判期日において，「自分は，殺人，死体遺棄の犯人ではない。」旨述べた。その後の証拠調べ手続において，検察官が，前記実況見分調書につき，「被告人が本件車両を海中に沈めることができたこと」という立証趣旨で証拠調べ請求したところ，弁護人は，その立証趣旨を「被告人が本件車両を海中に沈めて死体遺棄したこと」であると考え，証拠とすることに不同意の意見を述べた。

〔**設問1**〕 ［**写真①**］から［**写真④**］の写真撮影の適法性について，具体的事実を摘示しつつ論じなさい。

〔**設問2**〕 **【事例】**中の実況見分調書の証拠能力について論じなさい。

【資料1】

供 述 調 書

本籍，住居，職業，生年月日省略

甲 野　太 郎

上記の者に対する殺人，死体遺棄被疑事件につき，平成21年1月24日〇〇県□□警察署において，本職は，あらかじめ被疑者に対し，自己の意思に反して供述をする必要がない旨を告げて取り調べたところ，任意次のとおり供述した。

1　私は，平成21年1月13日午前2時ころ，V方前の道で，Vの首をロープで絞めて殺し，その死体を海に捨てましたが，私がそのようなことをしたのは，乙からVを殺すように頼まれたからでした。

2　私は，約2年前に，クリーニング店で働いており，その取引先に乙が経営していたT化粧品販売という会社があったため，乙と知り合いました。私は，次第に乙に惹かれるようになり，平成19年12月ころから，乙と付き合うようになりました。乙の話では，乙にはVという夫がいるものの，別居しているということでした。

3　平成20年11月中旬ころ，私は，乙から「Vに3000万円の生命保険を掛けている。Vが死ねば約2000万円ある借金を返すことができる。報酬として300万円をあげるからVを殺して。」と言われました。私は，最初，乙の冗談であると思いましたが，その後，乙と話をするたびに何回も同じ話をされたので，乙が本気であることが分かりました。そのころ，私にも約300万円の借金があったため，報酬の金が手に入ればその借金を返すことができると思い，Vを殺すことに決めました。そこで，平成21年1月11日午後9時ころ，乙から私に電話があったとき，私は，乙に「明日の夜，M埠頭で車の転落事故を装ってVを殺す。」と言うと，乙から「お願い。」と言われました。

4　1月12日の夜，私がV方前の道でVを待ち伏せしていると，翌日の午前2時ころ，酔っ払った様子のVが歩いて帰ってきました。私は，Vを殺すため，その後ろから首にロープを巻き付け，思い切りそのロープの端を両手で引っ張りました。Vは，手足をばたつかせましたが，しばらくすると，動かなくなりました。私が手をVの口に当てると，Vは，息をしていませんでした。

5　私は，Vの服のポケットから車の鍵を取り出し，その鍵でV方にあった軽自動車のドアを開け，Vの死体を助手席に乗せました。そして，私は，Vが運転中に誤って岸壁から転落したという事故を装うため，その車を運転してM埠頭に向かいました。私は，午前3時過ぎころ，M埠頭の岸壁から少し離れたところに車を止め，助手席の死体を両手で抱えて車外に持ち出し，運転席側ドアまで移動して，その死体を運転席に押し込み，その上半身にシートベルトを締めました。そして，私は，運転席側ドアから車内に上半身を入れ，サイドブレーキを解除し，セレクトレバーをドライブレンジにしてからそのドアを閉めました。すると，その車は，岸壁に向けて少しずつ動き出し，前輪が岸壁から落ちたものの，車の底が岸壁にぶつかってしまい，車がその上で止まってしまいました。そこで，私は，車の後ろに移動し，思い切り力を入れて後ろのバンパーを両手で持ち上げ，前方に重心を移動させると，軽自動車であったため，車が少し動き，そのままザッブーンという大きな音を立てて海の中に落ちました。私は，だれかに見られていないかとドキドキしながらすぐに走って逃げました。

6　その後，私は，乙にVを殺したことを告げ，1月15日の夕方，乙と待ち合わせた喫茶店で，乙から報酬の一部として現金30万円を受け取り，その翌日の夕方，同じ喫茶店で，乙から報酬の一部として現金20万円を受け取りました。

甲 野　太 郎　指印

以上のとおり録取して読み聞かせた上，閲覧させたところ，誤りのないことを申し立て，欄外に指印した上，末尾に署名指印した。（欄外の指印省略）

前　同　日

○○県□□警察署

司法警察員　　警部補　　　　　P　　　㊞

【資料2】

<table>
<tr><td colspan="2">搜索差押許可状</td></tr>
<tr><td>被疑者の氏名
及び年齢</td><td>甲野太郎
昭和 32 年 9 月 29 日生</td></tr>
<tr><td>罪名</td><td>殺人，死体遺棄</td></tr>
<tr><td>捜索すべき場所，
身体又は物</td><td>○○県□□市桜が岡6丁目24番4号日本橋ビル1階
T化粧品販売株式会社事務所</td></tr>
<tr><td>差し押さえるべき物</td><td>本件に関連する保険証書，借用証書，預金通帳，金銭出納帳，手帳，メモ，ノート</td></tr>
<tr><td>請求者の官公職氏名</td><td>司法警察員警部補　P</td></tr>
<tr><td>有効期間</td><td>平成 21 年 2 月 1 日まで</td></tr>
<tr><td colspan="2">有効期間経過後は，この令状により捜索又は差押えに着手することができない。この場合には，これを当裁判所に返還しなければならない。
有効期間内であっても，捜索又は差押えの必要がなくなったときは，直ちにこれを当裁判所に返還しなければならない。</td></tr>
<tr><td colspan="2">被疑者に対する上記被疑事件について，上記のとおり捜索及び差押えをすることを許可する。

平成 21 年 1 月 25 日
□□簡易裁判所　印
裁判官　　某　　㊞</td></tr>
</table>

【解答例】

第１　設問１について

（省略）

第２　設問２について

1．事例中の実況見分調書は、司法警察員Ｐが甲立ち合いの下で行われた実況見分の結果を記載したものであり、その内容の真実性が要証事実となることから、Ｐの公判供述に代わる書面（320条１項）として、原則として証拠能力が認められない。

(1)　立証趣旨について

ア　ところで、本問では弁護人が立証趣旨を「被告人が本件車両を海中に沈めて死体遺棄したこと」であると考え不同意意見を述べているが、仮に弁護人のいうように犯罪事実が存在したことの立証に実況見分調書を証拠として利用する場合には、立ち合いの際の甲の発言の内容の真実性も問題となるため、再伝聞として別途322条１項所定の要件を充たす必要がある。

イ　そこで、立証趣旨について検討する。刑事訴訟法は、証拠調べ請求等訴訟の追行を当事者に委ねており、証拠の立証趣旨も証拠調べ請求の際に具体的に明示するものであることからすると（規則189条１項）、その立証趣旨がおよそ無意味でない限りは、証拠調べ請求した当事者の立証趣旨に従うべきである。

ウ　これを本問についてみると、検察官の立証趣旨である「被告人が本件車両を海中に沈めることができたこと」が立証されれば、甲の当初の自白（資料の供述調書は、被告人に不利益な事実の承認を内容としているため、任意性が立証されれば、322条１項本文前段により証拠能力が認められる）の信用性を増強させることができ、甲の犯人性を推認させることができる。

よって、検察官の立証趣旨がおよそ無意味であるとはいえず、本問の立証趣旨は「被告人が本件車両を海中に沈めることができたこと」であると解するべきである。したがって、実況見分調書に記載された甲の発言部分は、実況見分の端緒として発言をした事実のみが問題となりその内容の真実性は問題とならないため、伝聞証拠には該当しない。

2．実況見分調書の証拠能力について

(1)　次に、実況見分調書の証拠能力について述べる。本問では、弁護人が不同意の意見を述べているため、326条によっては証拠能力を認めることができない。

(2)　そこで他の条文に該当するかが問題となるが、実況見分調書そのものについての明文規定はない。

しかし、321条3項は、捜査機関の検証調書について、公判期日において作成者が尋問を受け真正に作成されたものである旨の供述をすることを要件として証拠能力を認めているところ、検証と実況見分は強制捜査であるか否かの差異しかなく、いずれも五官の作用を用いて対象の状態などを見聞した結果を記載したものであり誤りの混入するおそれが低いこと、その正確性などは供述よりも書面の方が優れていること、令状は信用性を担保するものではなく被処分者の権利利益の制約に配慮したものであることからすれば、実況見分調書もまた321条3項の要件を充たせば証拠能力が認められると解するべきである。

(3)　したがって、本件実況見分調書は、その作成者であるＰが、公判期日において尋問を受け、調書が真正に作成されたものである旨を供述したときは証拠能力が認められる。

以上

【平成 22 年】〔第 2 問〕(配点：100)

次の【事例】を読んで，後記〔設問 1〕及び〔設問 2〕に答えなさい。

【事　例】

1． 暴力団Ａ組は，けん銃を組織的に密売することによって多額の利益を得ていたが，同組では，発覚を恐れ一般人には販売せず，暴力団に属する者に対してのみ，電話連絡等を通じて取引の交渉をし，取引成立後，宅配等によりけん銃を引き渡すという慎重な方法が採られていた。司法警察員Ｐらは，Ａ組による組織的な密売ルートを解明すべく内偵捜査を続けていたが，Ａ組幹部の甲がけん銃密売の責任者であるとの情報や，甲からの指示を受けた組員らが，取引成立後，組事務所とは別の場所に保管するけん銃を顧客に発送するなどの方法によりけん銃を譲渡しているとの情報を把握したものの，顧客が暴力団関係者のみであることから，甲らを検挙する証拠を入手できずにいた。

平成 21 年 6 月 1 日，Ｐらは，甲らによるけん銃密売に関する証拠を入手するため，Ａ組の組事務所であるアパート前路上で張り込んでいたところ，甲が同アパート前公道上にあったごみ集積所にごみ袋を置いたのを現認した。そこで，Ｐらは，同ごみ袋を警察署に持ち帰り，その内容物を確認したところ，「5/20　1 丁→N. H 150」などと日付，アルファベットのイニシャル及び数字が記載された複数のメモ片を発見したため，この裁断されていたメモ片を復元した［**捜査①**］。

さらに，同月 2 日，Ｐらは，甲が入居しているマンション前路上で張り込んでいたところ，甲が同マンション専用のごみ集積所にごみ袋を置いたのを現認した。なお，同ごみ集積所は，同マンション敷地内にあるが，居住部分の建物棟とは少し離れた場所の倉庫内にあり，その出入口は施錠されておらず，誰でも出入りすることが可能な場所にあった。そこで，Ｐらは，同集積所に立ち入り，同所において，同ごみ袋内を確認したところ，「5/22　1 丁→T. K 150」などと記載された同様のメモ片を発見したため，このメモ片を持ち帰り復元した［**捜査②**］。

Ｐらが復元した各メモ片の内容を確認したところ，甲らが，同年 5 月中に，10 名に対して，代金総額 2250 万円で合計 15 丁のけん銃を密売したのではないかとの嫌疑が濃厚となった。

2． その後，Ｐらは，更なる内偵捜査により，Ａ組とは対立する暴力団Ｂ組に属する乙が，以前に甲からけん銃を入手しようとしたものの，その代金額について折り合いがつかずにけん銃を入手できなかったため，Ｂ組内で処分を受け，甲及びＡ組に対して強い敵意を抱いているとの情報を入手した。

そこで，Ｐは，同年 6 月 5 日，乙と接触し，同人に対し，もう一度甲と連絡を取ってけん銃を譲り受け，甲を検挙することを手伝ってほしい旨依頼したところ，乙の協力が得られることとなった。この際，Pは，乙に対し，電話で甲に連絡をした際や直接会って話をした際には，甲との会話内容をICレコーダーに録音したいこと，さらに会話終了後には，引き続き，乙にその会話内容を説明してもらい，それも併せて録音したい旨を依頼し，乙の了解を得た。

同月7日午前11時ころ，乙は，乙方近くのE公園において，自らの携帯電話から甲の携帯電話に電話をかけ，甲に対し，「前には金額で折り合わなかったが，やはり物を購入したい。もう一度話し合いたいんだ。」などと言い，甲から，「分かった。値段が張るのはやむを得ない。よく考えてくれよ。」などとの話を引き出した。乙の近くにいたPは，この会話を乙の携帯電話に接続したICレコーダーに録音し，さらに，同会話終了後にされた「自分は，平成21年6月7日午前11時ころ，E公園において，甲と電話で話したが，甲は自分にけん銃を売ることについての話合いに応じてくれた。明日午後1時ころ，F喫茶店で直接会って更に詳しい話合いをすることになった。」という乙による説明も録音した［録音①］。

翌8日午後1時ころ，待ち合わせ場所のF喫茶店において，甲と乙は，けん銃の譲渡について話合いをした。その際，甲と乙は，代金総額300万円でけん銃2丁を譲渡すること，けん銃は後日乙の指定したマンションへ宅配便で配送すること，けん銃の受取後，代金を直接甲に支払うことなどを合意するに至った。隣のテーブルにいたPは，このけん銃譲渡に関する会話をICレコーダーに録音し，さらに，甲が同店を立ち去った後にされた「自分は，平成21年6月8日午後1時ころ，F喫茶店で甲と直接話合いをした。甲が自分にけん銃2丁を300万円で売ってくれることになった。けん銃2丁は宅配便で，りんごと一緒に自分のマンションに配送される。代金300万円は後で連絡を取り合って場所を決め，その時渡すことになった。」という乙による説明も録音した［録音②］。

3． 翌9日以降，Pらは，乙がけん銃を受け取ったことを確認し次第，甲をけん銃の譲渡罪で逮捕し，関係箇所を捜索しようと考え，度々乙と電話で連絡を取り，甲からけん銃2丁が配送されてきたか否か確認を続けた。しかし，同月14日午後9時ころ，Pらは，乙が電話に出なくなったことから不審に思い，乙の生命又は身体に危険な事態が発生した可能性があることからその安全を確認するため，乙方マンション管理人立会いの下，乙方に立ち入ると，乙が居間において，頭部右こめかみ付近から出血した状態で死亡しているのを発見した。乙の死体付近にはけん銃2丁が落ちており，その近くには開封された宅配便の箱があり，その中を確認するとりんごが数個入っていた。また，机上には乙の物とみられる携帯電話1台があった。Pらは，甲によるけん銃譲渡の被疑事実について，裁判官から捜索差押許可状の発付を得た上で，発見したけん銃2丁及び携帯電話1台を押収した。さらに，Pらは，押収した乙の携帯電話の発信歴や着信歴を確認したが，すべて消去されていたため，直ちに科学捜査研究所で，消去されたデータの復元・分析を図った［**捜査③**］。その結果，頻繁に発着信歴のある電話番号「090-7274-△△△△」が確認され，さらにこの契約者を捜査すると丙女であることが明らかとなった。なお，Pらは，乙方では遺書等を発見できず，押収したけん銃2丁には乙の右手指紋が付着していたものの，乙が死亡した原因を自殺か他殺か特定できなかった上，捜査の必要から，乙死亡についてマスコミ発表をしなかった。また，宅配便の箱に貼付されていた発送伝票の発送者欄には，住所，人名及び電話番号が記載されていたが，捜査の結果，それらはすべて架空のものであることが明らかとなった。

4．翌15日午後7時ころ，Pらが乙の携帯電話を持参して丙女方を訪ねると，丙女は，当初は乙を知らないと供述したものの，Pらが乙の携帯電話の電源を入れ，丙女の携帯電話番号の発着信歴が頻繁にあったことを告げると，ようやく，乙と約2年前から交際していたことを認め，乙から，今回警察の捜査に協力していることやそのためにA組の甲からけん銃を譲り受けることを打ち明けられていたなどと供述した。そのような事情聴取を継続中に，突然，乙の携帯電話の着信音が鳴った。Pらは，着信の表示番号が以前に乙から教わっていた甲の携帯電話番号であったので，甲からの電話であると分かり，とっさに，丙女から，電話に出ること及び会話の録音についての同意を得た上で，丙女に電話に出てもらうとともに，乙の携帯電話の録音機能を使用して録音を開始した。すると，甲と思われる男の声で，「もしもし，甲だ。物届いただろう。約束どおりりんごと一緒に届いただろう。300を早く支払ってくれよ。」との話があり，丙女が，乙が死亡してしまったこと，自分は乙の婚約者であることを告げると，甲と思われる男は，「婚約者なら乙の代わりに代金300万円を用意して持ってこい。物は約束どおり届いたはずだろう。」などと強く言ってきた。Pがメモ紙に代金は警察が用意するので待ち合わせ場所を決めるようにと記載して示すと，丙女は，その記載に従って，「分かりました。代金は，乙に代わって私が用意します。待ち合わせ場所を指定してください。」などと言い，同月17日に甲とF喫茶店で待ち合わせることになった。Pは，電話終了後，乙の携帯電話の録音機能を停止して再生し，丙女と甲と思われる男の会話内容が録音されていることを確認した［録音③］。

5．同月17日午後3時ころ，丙女がF喫茶店に赴いたところ，甲が現れたので，Pらは，甲をけん銃2丁の譲渡罪で緊急逮捕した。

甲は勾留後，否認を続けたが，検察官は，本件けん銃2丁，甲乙間及び甲丙女間の本件けん銃譲渡に関する［録音①］，［録音②］及び［録音③］を反訳した捜査報告書**【資料】**，丙女の供述等を証拠に，同年７月８日，甲をけん銃２丁の譲渡罪で起訴した。

被告人甲は，第一回公判期日において，「自分は，乙に対してけん銃２丁を譲り渡したことはない。」旨述べた。その後の証拠調べ手続において，検察官は，「甲乙間の本件けん銃譲渡に関する甲乙間及び甲丙女間の会話の存在と内容」を立証趣旨として，前記捜査報告書を証拠調べ請求したところ，弁護人は，不同意とした。

〔**設問１**〕 下線部の［**捜査①**］から［**捜査③**］の適法性について，具体的事実を摘示しつつ論じなさい。

〔**設問２**〕 **【事例】**中の捜査報告書の証拠能力について，前提となる捜査の適法性を含めて論じなさい。

【資　料】

捜 査 報 告 書

平成 21 年 6 月 18 日

○○県□□警察署
司法警察員　警視　　　　P　殿

○○県□□警察署
司法警察員　巡査部長　　　　　　K　㊞

被疑者　　　　　　　　　　　　　甲
（本籍，住居，職業，生年月日省略）

上記の者，平成 21 年 6 月 17 日，銃砲刀剣類所持等取締法違反被疑事件の被疑者として緊急逮捕したものであるが，被疑者は，乙及び丙女との間で電話等による会話をしており，その状況を録音したＩＣレコーダー及び携帯電話を本職が再生して反訳したところ，下記のとおり判明したので報告する。

記

1　平成 21 年 6 月 7 日午前 11 時ころ～午前 11 時 5 分ころ，電話による通話等
(1)　乙「もしもし，乙ですが，この間は申し訳なかったね。」
「やはり，物必要なんだ。前には金額で折り合わなかったが，やはり物を購入したい。もう一度話し合いたいんだ。」
甲「今更何言ってるの。物って何のことよ。」

乙 「とぼけないでくださいよ。×××のことですよ。」

甲 「前は，高過ぎるとか，ほんとに良い物なのかとか，うるさかったじゃない。うちのは××××とは違うんだよ。」

乙 「悪かったね。やはりどうしても欲しいんだ。助けてほしい。」

甲 「分かった。うちの回転×××の×××は物が良いので，値段が張るのはやむを得ない。よく考えてくれよ。」

乙 「よく分かったよ。明日1時に前回と同じF喫茶店でどうだい。」

甲 「分かった。明日会おう。」

ここで，甲乙間の会話が終了し（なお×××部分は聞き取れず），引き続き，乙の声で，

(2) 乙 「自分は，平成21年6月7日午前11時ころ，E公園において，甲と電話で話したが，甲は自分にけん銃を売ることについての話合いに応じてくれた。明日午後1時ころ，F喫茶店で直接会って更に詳しい話合いをすることになった。」との話が録音されていた。

2　同月8日午後1時ころ，F喫茶店における会話等

(1) 乙 「お久しぶり。この前は悪かったね。」

甲 「だから，この間の条件で買っておけばよかったんだよ。うちの条件は前回と同じ，1丁150万円，2丁なら×××××，物がいいんだからびた一文負けられないよ。」

乙 「分かったよ。それでいいよ。物どうやって受け取るんだい。」

甲 「うちのやり方は，直接渡したりはしないんだ。そこでパクられたら，所持で逃げようないからね。あんたのマンションへ宅配便で送るよ。りんごの箱に入れて，一緒に送るから。受け取ったら，×××渡してくれよ。場所はまた連絡する。」

乙 「それでいこう。頼むね。」

ここで，甲乙間の会話が終了し（なお×××部分は聞き取れず），引き続き，乙の声で，

(2) 乙 「自分は，平成21年6月8日午後1時ころ，F喫茶店で甲と直接話合いをした。甲が自分にけん銃2丁を300万円で売ってくれることになった。けん銃2丁は宅配便で，りんごと一緒に自分のマンションに配送される。代金300万円は後で連絡を取り合って場所を決め，その時渡すことになった。」との話が録音されていた。

3　同月15日午後7時15分ころ～午後7時20分ころ，電話による通話

甲 「もしもし，甲だ。物届いただろう。約束どおりりんごと一緒に届いた

だろう。300を早く支払ってくれよ。」

丙女　「私は，乙の婚約者の丙女です。乙は死んでしまいました。」

甲　　「ええ。死んだ。本当かよ。どうして死んだんだ。××か。」

丙女　「分かりません。でも，遺書はありませんし，近くにけん銃が落ちていました。」

甲　　「それはお気の毒だ。でも物は届いたんだろう。それなら，あんたが代わりに300万円払ってくれ。」

丙女　「そんなお金は持っていません。」

甲　　「婚約者なんだろ。婚約者なら乙の代わりに代金300万円を用意して持ってこい。物は約束どおり届いたはずだろう。」

丙女　「分かりました。代金は，乙に代わって私が用意します。待ち合わせ場所を指定してください。」

甲　　「本当に用意できるのか。それじゃあ。明後日の17日午後3時，F喫茶店に金を持ってきてくれ。××には言うなよ。」

丙女　「分かりました。必ず行きます。」

ここで甲丙女間の会話が終了した（なお××部分は聞き取れず）。

【解答例】

第1　設問1について

（省略）

第2　設問2について

1.　捜査の適法性について

（省略）

2.　捜査報告書全体の321条3項書面該当性等について

(1)　本件捜査報告書は、ICレコーダーおよび携帯電話の録音を警察官Kが自己の五官の作用を用いて知覚・記憶した結果を書面で再現（反訳）したものであり、強制の処分ではないものの、「司法警察職員の検証の結果を記載した書面」に他ならないから、Kが公判で「証人として尋問を受け、その真正に作成されたものであることを供述したとき」は、これを証拠とすることができる（321条3項）。

(2)　しかしながら、本件捜査報告書には、甲乙間および甲丙女間の会話と乙の説明が記載されているところ、かかる部分は、「被告人以外の者…の供述を録取した書面」（321条1項）に該当し得るため、別途伝聞法則（320条1項）の適用の有無検討を要する。

3．甲乙間および甲丙女間の会話部分について

(1) いわゆる伝聞証拠について原則として証拠能力が否定される（320条1項）のは、人の供述は、知覚・記憶・表現・叙述の各段階において誤りを生じやすく、公判廷において反対尋問等のテストを経ない限り、事実を見誤る類型的な危険があるからである。

そうすると、人の供述を証拠とする場合であっても、供述の内容とされる事実が真実であることを立証しようとするのではなく、当該供述がなされたこと自体を立証する場合には、上記の類型的危険はなく、伝聞法則を適用する必要はない。

このような場合には、いわゆる「非伝聞（言語の非供述的用法）」として、320条1項にかかわらず、証拠能力を認める余地がある。

(2) 本問において、検察官は、本件捜査報告書の立証趣旨を「甲乙間の本件けん銃譲渡に関する甲乙間及び甲丙女間の会話の存在と内容」としているところ、甲乙間・甲丙女間の会話は、甲乙間のけん銃取引に関するやりとりを内容とする会話であり、そのような内容の会話が存在すること自体が、けん銃譲渡の公訴事実を推認させる事実である。

(3) したがって、甲乙間および甲丙女間の会話部分には伝聞法則の適用はなく、前述のとおり、捜査報告書自体が321条3項の要件を充たせば、証拠能力が認められる。

4．乙の説明部分について

(1) 検察官は、本件捜査報告書の立証趣旨を「甲乙間の本件けん銃譲渡に関する甲乙間及び甲丙女間の会話の存在と内容」としているところ、けん銃譲渡という公訴事実を推認させるには、乙が甲とのけん銃譲渡に関するやりとりをしたとの体験内容の説明が真実であったかどうかが問題となる。そうすると、上記説明部分には、伝聞法則の適用があり、「被告人以外の者…の供述を録取した書面」（321条1項）であって、裁判官、検察官以外の者の面前における供述を録取した書面（同項3号）に当たるから、321条3項書面該当性のみならず、321条1項3号書面の要件検討が必要となる。

そこで以下、321条1項3号の要件を検討する。

(2) まず、本件捜査報告書には、体験内容を説明した乙の署名・押印がな

されていないことから、録取過程の伝聞性が問題となるが、ICレコーダーの録音音声自体は、機械的に録音された音声であることから、供述録取書とは異なり、録取過程に誤りが入り込む余地はなく、録取過程の正確性が担保されているから、発言者乙の署名・押印は不要である。

次に、供述者である乙は、供述後に死亡していることから、供述者死亡として、供述不能の要件は充たす。

また、「供述が犯罪事実の存否の証明に欠くことができないものであるとき」との不可欠性要件であるが、本問では、甲乙間および甲丙女間の会話部分の録音が存在することから、けん銃譲渡の事実は推認し得るから、証拠としての不可欠性は存しないようにも考えられる。

しかしながら、本件会話録音部分では、取引対象物がけん銃であること、およびけん銃2丁の代金額といった犯罪事実の特定に必要な部分が、聞き取れていないことから、かかる事実の認定には、乙の説明が不可欠である。

したがって、不可欠性の要件も充たす。

最後に、「供述が特に信用すべき情況の下にされたものであるとき」との絶対的特信情況の要件であるが、乙は、おとり捜査に協力する中で、警察官Pに対し、会話の直後にその流れで説明していること、乙の説明は、直前の会話内容と整合すること、乙の説明のとおり、りんごが乙宅に宅配便で配達されている。

(3)　かかる状況からすれば、乙の説明の際の情況に特信性が備わっていると言えるから、321条1項3号の要件を充たし、前述のとおり、捜査報告書自体が321条3項の要件を充たせば、証拠能力が認められる。

以上

【平成23年】〔第2問〕（配点：100）

次の【事例】を読んで，後記〔設問1〕及び〔設問2〕に答えなさい。

【事　例】

1． 平成22年5月1日，A女は，H県警察本部刑事部捜査第一課を訪れ，同課所属の司法警察員Pに，「2か月前のことですが，午後8時ころ，結婚を前提に交際していたBと電話で話していると，Bから『甲が来たから，また，後で連絡する。』と言われて電話を切られたことがありました。甲は，Bの友人です。その3時間後，Bが私の携帯電話にメールを送信してきました。そのメールには，Bが甲及び乙と一緒に，甲の奥さんであるV女の死体を，『一本杉』のすぐ横に埋めたという内容が書かれていました。ちなみに，『一本杉』は，H県I市内にあるJ山の頂上付近にそびえ立っている有名な杉です。また，乙も，Bの友人です。私は，このメールを見て，怖くなったので，思わず，メールを消去しました。その後，私は，このことを警察に伝えるべきかどうか迷いましたが，Bとは結婚するつもりでしたので，結局，警察に伝えることができませんでした。しかし，昨日，Bとも完全に別れましたので，警察に伝えることに踏ん切りがつきました。Bが私にうそをつく理由は全くありません。ですから，Bが私にメールで伝えてきたことは間違いないはずです。よく調べてみてください。」などと言った。その後，司法警察員Pらは，直ちに，前記「一本杉」付近に赴き，その周辺の土を掘り返して死体の有無を確認したところ，女性の死体を発見した。そして，女性の死体と共に埋められていたバッグにV女の運転免許証が在中していたことなどから，女性の死体がV女の死体であることが判明した。

そこで，同月3日，司法警察員Pらは，Bから事情を聞くため，Bが独り暮らしをしているKマンション403号室に赴き，BにH県警察本部への任意同行を求めたところ，Bは，突然，司法警察員Pらを振り切ってKマンションの屋上に駆け上がり逃走を試みたが，同所から転落して死亡した。

2． 同日，司法警察員Pは，死体遺棄の被疑事実で捜索差押許可状の発付を受け，部下と共に，前記Kマンション403号室を捜索し，Bのパソコンを差し押さえた。

そして，同日，司法警察員Pは，H県警察本部において，差し押さえたBのパソコンに保存されていたメールの内容を確認したところ，A女とBとの間におけるメールの交信記録しか残っていなかったが，Bが甲及び乙からV女を殺害したことを聞いた状況や甲及び乙と一緒にV女の死体を遺棄した状況等を記載したA女宛てのメールが残っていた。そこで，司法警察員Pは，このメール［メール①］を印刷し，これを添付した捜査報告書**【資料1】**（［本書133頁］参照）を作成した。また，司法警察員Ｐは，直ちに，［メール①］をＡ女に示したところ，Ａ女は，「［メール①］には見覚えがあります。［メール①］は，Ｂが作成して私に送信したものに間違いありません。Ｂのパソコンは，Ｂ以外に使用することはありません。私がパソコンに触れようとしただけで，『触るな。』と激しく怒ったことがありますので，Ｂのパソコンを他人が使用することは，絶対にないと断言できます。」などと供述した。

3．Ｖ女に対する殺人，死体遺棄の犯人として甲及び乙が浮上したことから，司法警察員Ｐらは，直ちに，甲及び乙の前歴及び前科を照会したところ，甲には，前歴及び前科がなかったものの，乙には，平成21年6月，窃盗（万引き）により，起訴猶予となった前歴1件があることが判明した。

また，司法警察員Ｐは，差し押さえたＢのパソコンにつき，Ｂと甲との間におけるメールの交信記録，Ｂと乙との間におけるメールの交信記録が消去されているのではないかと考え，直ちに科学捜査研究所に，消去されたメールの復元・分析を嘱託した。

さらに，司法警察員Ｐらは，前記メールの復元・分析を進めている間に，甲及び乙が所在不明となることを避けるため，甲及び乙に対する尾行や張り込みを開始した。

4．その一方，司法警察員Ｐは，Ｖ女に対する殺人，死体遺棄事件を解明するため，甲及び乙を逮捕したいと考えたものの，まだ，［メール①］だけでは，証拠が不十分であると判断し，Ｖ女に対する殺人，死体遺棄事件以外の犯罪事実により甲及び乙を逮捕するため，部下に対し，甲及び乙がＶ女に対する殺人，死体遺棄事件以外に犯罪を犯していないかを調べさせた。その結果，乙については，Ｖ女に対する殺人，死体遺棄事件以外の犯罪の嫌疑が見当たらなかったが，甲については，平成22年1月10日にＩ市内で発生したコンビニエンスストアＬにおける強盗事件の2人組の犯人のうちの1名に酷似していることが判明した。そこで，同年5月10日，司法警察員Ｐは，コンビニエンスストアＬに赴き，被害者である店員Ｗに対し，甲の写真を含む複数の写真を示して犯人が写った写真の有無を確認したところ，Ｗが甲の写真を選択して犯人の1人に間違いない旨を供述したことから，その旨の供述録取書を作成した。

その後，司法警察員Ｐは，この供述録取書等を疎明資料として，前記強盗の被疑事実で甲に係る逮捕状の発付を受け，同月11日，同逮捕状に基づき，甲を通常逮捕した【逮捕①】。そして，その際，司法警察員Ｐは，逮捕に伴う捜索を実施し，甲の携帯電話を発見したところ，前記強盗事件の共犯者を解明するには，甲の交遊関係を把握する必要があると考え，この携帯電話を差し押さえた。なお，この際，甲は，「差し押さえられた携帯電話については，私のものであり，私以外の他人が使用したことは一切ない。」などと供述した。

司法警察員Ｐは，直ちに，この携帯電話に保存されたメールの内容を確認したところ，Ｂと甲との間におけるメールの交信記録が残っており，その中には，ＢがＶ女の死体を遺棄したことに対する報酬に関するものがあった。そこで，司法警察員Ｐは，同月12日，殺人，死体遺棄の被疑事実で捜索差押許可状の発付を受け，この携帯電話を差し押さえた。引き続き，司法警察員Ｐは，パソコンを利用して前記Ｂと甲との間におけるメール［メール②-１］及び［メール②-２］を印刷し，これらを添付した捜査報告書**【資料２】**（［本書134頁］参照）を作成した。

甲は，同日，Ｈ地方検察庁検察官に送致された上，同日中に前記強盗の被疑事実で勾留された。なお，甲は，前記強盗については，全く身に覚えがないなどと供述し，自己が犯人であることを否認した。

５．同月13日，司法警察員Ｐの指示を受けた部下である司法警察員Ｑが，乙を尾行してその行動を確認していたところ，乙がＨ県Ｉ市内のスーパーＭにおいて，500円相当の刺身パック１個を万引きしたのを現認し，乙が同店を出たところで，乙を呼び止めた。すると，乙が突然逃げ出したので，司法警察員Ｐは，直ちに，乙を追い掛けて現行犯逮捕した【逮捕②】。その後，乙は，司法警察員Ｑの取調べに対し，犯罪事実について黙秘した。そこで，司法警察員Ｐは，乙の万引きに関する動機や背景事情を解明するには，乙の家計簿やパソコンなど乙の生活状況が判明する証拠を収集するよりほかないと考え，同日，窃盗の被疑事実で捜索差押許可状の発付を受け，部下と共に，乙が単身で居住する自宅を捜索し，乙のパソコン等を差し押さえた。

その後，司法警察員Ｐは，同日中に，Ｈ県警察本部内において，差し押さえた乙のパソコンに保存されたデータの内容を確認したところ，Ｂと乙との間におけるメールの交信記録が残っているのを発見した。そして，その中には，［メール②-１］及び［メール②-２］と同様のＢがＶ女の死体を遺棄したことに対する報酬に関するメールの交信記録が存在した。

乙は，同月14日，Ｈ地方検察庁検察官に送致された上，同日中に前記窃盗の被疑事実で勾留された。

６．甲に対する取調べは，司法警察員Ｐが担当し，乙に対する取調べは，司法警察員Ｑが担当していたところ，司法警察員Ｐ及びＱは，いずれも，同月15日，甲及び乙に対し，「他に何かやっていないか。」などと余罪の有無について確認した。

すると，甲は，同日，「Ｖ女の死体を『一本杉』付近に埋めた」旨を供述したため，司法警察員Ｐは，同日及び翌16日の２日間，Ｖ女が死亡した経緯やＶ女の死体を遺棄した経緯等を聴取した。これに対し，甲は，［メール①］の内容に沿う供述をしたものの，上申書及び供述録取書の作成を拒否した。そのため，司法警察員Ｐは，同月17日から，連日，前記強盗事件に関連する事項を中心に聴取しながら，１日約30分間ずつ，Ｖ女に対する殺人，死体遺棄事件に関する上申書及び供述録取書の作成に応じるように説得を続けた。しかし，結局，甲は，この説得に応じなかった。なお，司法警察員Ｐは，甲の前記供述を内容とする捜査報告書を作成しなかった。

一方，乙は，同月15日に余罪がない旨を供述したので，司法警察員Ｑは，以後，Ｖ女に対する殺人，死体遺棄事件に関連する事項を一切聴取することがなかった。

７．甲は，司法警察員Ｐによる取調べにおいて，前記強盗の犯人であることを一貫して否認した。同月21日，検察官は，甲を前記強盗の事実により公判請求するには証拠が足りないと判断し，甲を釈放した。

乙は，同月18日，司法警察員Ｑによる取調べにおいて，前記万引きの事実を認めた上，同月20日，弁護人を通じて被害を弁償した。そのため，同日，スーパーＭの店長は，乙の処罰を望まない旨の上申書を検察官に提出した。そこで，検察官は，乙を勾留されている窃盗の事実により公判請求する必要はないと判断し，同月21日，乙を釈放した。

その一方で，同日中に，甲及び乙は，Ｖ女に対する殺人，死体遺棄の被疑事実で通常逮捕された【甲につき，逮捕③。乙につき，逮捕④。】。甲及び乙は，同月23日，Ｈ地方検察庁検察官に送致された上，同日中に前記殺人，死体遺棄の被疑事実で勾留された。なお，甲及び乙は，殺人，死体遺棄の被疑事実による逮捕後，一切の質問に対して黙秘した。また，司法警察員Ｐは，殺人，死体遺棄の被疑事実で捜索差押許可状の発付を受け，部下と共に，甲及び乙の自宅を捜索したものの，殺人，死体遺棄事件に関連する差し押さえるべき物を発見できなかった。その後，検察官は，Ｂのパソコンにおけるメールの復元・分析の結果，Ｂのパソコンにも，甲の携帯電話及び乙のパソコンに残っていた前記各メールと同じメールが保存されていたことが判明したことなどを踏まえ，勾留延長後の同年６月11日，甲及び乙を，殺人，死体遺棄の事実により，Ｈ地方裁判所に公判請求した。

検察官は，公判前整理手続において，捜査報告書**【資料１】**につき，「殺人及び死体遺棄に関する犯罪事実の存在」，捜査報告書**【資料２】**につき，「死体遺棄の報酬に関するメールの交信記録の存在と内容」を立証趣旨として，各捜査報告書を証拠調べ請求したところ，被告人甲及び被告人乙の弁護人は，いずれも，不同意の意見を述べた。

〔設問1〕【逮捕①】ないし【逮捕④】及びこれらの各逮捕に引き続く身体拘束の適法性について，具体的事実を摘示しつつ論じなさい。

〔設問2〕捜査報告書（**【資料1】**及び**【資料2】**）の証拠能力について，具体的事実を摘示しつつ論じなさい。

【資料1】

捜 査 報 告 書

平成22年5月3日

H県警察本部刑事部長
司法警察員　警視正　　　S　殿

H県警察本部刑事部捜査第一課
司法警察員　　警部　　　P　㊞

死体遺棄　　　　　　　　　被疑者　　　　　　　B
（本籍，住居，職業，生年月日省略）

被疑者Bに対する頭書被疑事件につき，平成22年5月3日，被疑者Bの自宅において差し押さえたパソコンに保存されたデータを精査したところ，A女あてのメールを発見したので，同メールを印刷した用紙1枚を添付して報告する。

[メール①]
送信者：B
宛先：　A女
送信日時：2010年3月1日　23：03
件名：　　さっきはゴメン

さっきは，電話を途中で切ってゴメンな。今日の午後8時に甲が家に来たやろ。ここから，すごいことが起こったんや。いずれ結婚するお前やから，打ち明けるが，甲は，俺の家で，いきなり，「30分前に，俺の家で，乙と一緒にV女の首を絞めて殺した。俺がV女の体を押さえて，乙が両手でV女の首を絞めて殺した。V女を運んだり，V女を埋める道具を積み込むには，俺や乙の車では小さい。お前の大きい車を貸してほしい。V女の死体を捨てるのを手伝ってくれ。お礼として，100万円をお前にやるから。」と言ってきたんや。甲とV女のことは知っているやろ。甲は俺の友人で，V女は甲の奥さんや。乙のことは知らんやろうけど，俺の友人に乙というのがいるんや。その乙と甲がV女を殺したんや。俺も金がないし，お前にも指輪の一つくらい買ってやろうと思い，引き受けた。人殺しならともかく，死体を捨てるだけだから，大したことないと思うたんや。その後，すぐに，甲の家に行くと，V女の死体があったわ。また，そこには，乙もいて，「俺と甲の2人で殺した。甲がV女の体を押さえて，俺が両手でV女の首を絞めて殺したんや。死体を捨てるのを手伝ってくれ。」と言ってきた。その後，俺は，甲と乙と一緒に，V女の死体を俺の車で一本杉まで運び，そのすぐ横の土を3人で掘ってV女の死体をバッグと一緒に投げ入れ，土を上からかぶせて完全に埋めたんや。V女の死体を埋めるのに，午後9時から1時間くらいかかったわ。疲れた。分かっていると思うが，このことは誰にも言うなよ。これがばれたら，俺も捕まることになるから。そうなったら，結婚もできんわ。100万円もらったら，何でも好きなもの買ってやるから，言ってな。

【資料2】

捜査報告書

平成22年5月12日

H県警察本部刑事部長
司法警察員　警視正　S　殿

H県警察本部刑事部捜査第一課
司法警察員　警部　P　㊞

殺人，死体遺棄　被疑者　甲
被疑者　乙

（いずれも，本籍，住居，職業，生年月日省略）

被疑者甲及び同乙に対する頭書被疑事件につき，平成22年5月12日，H県警察本部において差し押さえた甲の携帯電話に保存されていた甲とBとの間におけるメールの交信記録を用紙1枚に印刷したので，これを添付して報告する。

［メール②-1］
送信者：B
宛先：　甲
受信日時：2010年4月28日　22：00
件名：　早うせえ
V女の死体を埋めたお礼の100万円払え，早うせえや。
お前らがやったことをばらすぞ。
［メール②-2］

送信者：　甲
宛先：　　B
送信日時：2010年4月28日　22：30
件名：Re：早うせえ
　もう少し待ってくれ。
　必ず，お礼の100万円を払うから。

【解答例】

第1　設問1について
　　（省略）
第2　設問2について

各報告書において、伝聞法則（320条1項）の適用があれば、法律的関連性を欠き証拠とすることができないため、伝聞法則につき検討する。

供述証拠は、知覚・記憶・表現・叙述という過程に誤りが入り込むおそれがあるため、反対尋問（憲法37条2項前段参照）によってその誤りをテストする必要がある。

そこで、反対尋問のテストを経ない供述証拠は原則として証拠能力がない（伝聞法則、320条1項）。しかし、これを厳格に貫くと、いたずらに真相解明（1条）が困難になるおそれがある。

そこで、真相解明のための証拠としての強い必要がある場合と反対尋問のテストに代わる信用性の情況的保障がある場合には、例外的に伝聞証拠でも許容される（321条以下）。

もっとも、反対尋問が必要となるのは、供述内容の真実性を要証事実として認定に用いる場合である。

そこで、伝聞証拠であるか否かは、要証事実との関連で相対的に決せられる。

以上を前提に、資料1および2についての証拠能力を検討する。

1．　資料1について

資料1は、捜査報告書とメール①によって構成されているところ、作成者、内容が異なるので、分けて論じる。

(1)　捜査報告書について

かかる捜査報告書は、A女宛てのメールを発見したことを記載したPの供述証拠であり、反対尋問を経ていないので、前述のとおり、原則として証拠能力が否定される（320条1項）。

もっとも、本件報告書は、五官の作用により、認識した結果を報告したものに過ぎない。

とすれば、恣意が入る余地が少なく、結果を書面で報告した方が正確、詳細という321条3項の趣旨が妥当する。

したがって、321条3項により、「真正に作成」すなわち作成名義および作成内容の真正を供述すれば、伝聞例外として、証拠能力が認められる。

(2)　メール①全体について

メール①自体は、Bが作成してA女に宛てたものであるので、供述証拠に当たる。また、資料1の立証趣旨は、「殺人及び死体遺棄に関する犯罪事実の存在」であるところ、要証事実は、V女を殺害した事実および同人を遺棄した事実である。

とすれば、B作成のメール内容の真実性が問題となる。

したがって、メール①全体は、伝聞証拠に該当する。

もっとも、作成者Bは「被告人以外の者」であり、裁判官、検察官の面前で作成されたものではないので、321条1項3号の要件を充たせば、伝聞例外として、証拠能力が認められる。

そこで、同要件たる①「供述者が供述することができず」（供述不能）、②「その供述が犯罪の存否の証明に欠くことができないものであるとき」（供述の不可欠性）、③「特に信用すべき情況」（絶対的特信情況）を充たすかを検討する。

これを本問についてみると、まず、Bは、平成22年5月3日に死亡していることから、「供述者が死亡」しており、供述不能といえる（①）。また、甲乙は、本件事件について黙秘しており、自宅捜索によっても本件事件に関連する証拠が発見できていないので、他に見るべき証拠がないことが認められる（②）。さらに、当時、作成者Bと結婚を前提に交際していた親密な関係にあったA女に対して、メールのような重大な内容を打ち明けているので、内容の信用性が認められ、Bのパソコンは本人以外使用することはなかったので、メールの作成者がBであることについての信用性も認められる（③）。

したがって、メール①全体は、伝聞例外として証拠能力が認められる。

(3)　メール①の再伝聞性について

もっとも、メール①には、甲の「30分前に…乙と一緒にV女の首を絞めて殺した」（ア）との供述、乙の「俺と甲の２人で…殺したんや」（イ）との供述が含まれているところ、かかる供述は、Ｂ以外の者の供述なので、いわゆる再伝聞に該当する。

この点、再伝聞についての法の規定はないものの、伝聞例外の厳格な要件からすると、各過程に伝聞例外の要件が充たされれば、証拠能力が認められると解する。

そこで、（ア）、（イ）について伝聞例外の要件を充たすかを検討する。

まず、（ア）について検討すると、被告人甲との関係では、被告人以外の者であるＢの供述書における被告人の供述に該当するので、324条１項を準用し、322条１項の要件を充足する必要がある。これに対し、乙との関係では、被告人以外の者の供述であるので、324条２項を準用し、321条１項３号の要件を充足する必要がある。

また、（イ）については、当事者が入れ替わっただけであるので、同様に考えれば足りる。

以上を前提にそれぞれの要件を検討すると、甲乙の供述は、前述のとおり、Ｖ女に対する殺人罪の関与を認めているので、「被告人に不利益な事実の承認を内容とするもの」であり、（ア）はＢ宅で、（イ）は甲宅で作成されているので、「任意にされたものでない疑があると認める」ことはできない。

したがって、自己との関係（（ア）については甲、（イ）については乙）では、324条１項、322条１項により、証拠能力が認められる。

これに対し、相被告人との関係（（ア）については乙、（イ）については甲）においては、321条１項３号の供述不能の要件を充たさず、証拠能力は認められない。

２．　資料２について

資料２についても、捜査報告書とメール②を分けて論じる。

⑴　捜査報告書について

資料２の捜査報告書は、資料１と同様に、321条３項によって、証拠能力が認められる。

⑵　メール②について

これに対し、メール②の立証趣旨が「死体遺棄の報酬…の交信記録の存在と内容」であることから考えると、資料１とは異なり、要証事実は死体遺棄の事実自体ではなく、その事実を推認させるメールの存在自体である。

したがって、メール②の内容の真実性を吟味する必要がないので、非伝聞となり、伝聞例外を検討する必要もなく、証拠能力は認められる。

以上

【平成 25 年】〔第 2 問〕（配点：100）

次の【事例】を読んで，後記〔設問 1〕及び〔設問 2〕に答えなさい。

【事　例】

1． 平成 25 年 2 月 1 日午後 10 時，W は，帰宅途中に H 市内にある H 公園の南東側入口から同公園内に入った際，2 名の男（以下，「男 1」及び「男 2」とする。）が同入口から約 8 メートル離れた地点にある街灯の下で V と対峙しているのを目撃した。W は，何か良くないことが起こるのではないかと心配になり，男 1，男 2 及び V を注視していたところ，男 2 が「やれ。」と言った直後に，男 1 が右手に所持していた包丁で V の胸を 2 回突き刺し，V が胸に包丁が刺さったまま仰向けに倒れるのを目撃した。その後，W は，男 2 が「逃げるぞ。」と叫ぶのを聞くとともに，男 1 及び男 2 が，V を放置したまま，北西に逃げていくのを目撃した。

そこで，W は，同日午後 10 時 2 分に持っていた携帯電話を使って 110 番通報し，前記目撃状況を説明したほか，「男 1 は身長約 190 センチメートル，痩せ型，20 歳くらい，上下とも青色の着衣，長髪」，「男 2 は身長約 170 センチメートル，小太り，30 歳くらい，上が白色の着衣，下が黒色の着衣，短髪」という男 1 及び男 2 の特徴も説明した。

この通報を受けて，H 県警察本部所属の司法警察員が，同日午後 10 時 8 分，V が倒れている現場に臨場し，V の死亡を確認した。

また，H 県警察本部所属の別の司法警察員は，H 公園付近を管轄する H 警察署の司法警察員に対し，H 公園で殺人事件が発生したこと，W から通報された前記目撃状況，男 1 及び男 2 の特徴を伝達するとともに，男 1 及び男 2 を発見するように指令を発した。

2． 前記指令を受けた司法警察員 P 及び Q の 2 名は，一緒に，男 1 及び男 2 を探索していたところ，同日午後 10 時 20 分，H 公園から北西方向に約 800 メートル離れた路上において，「身長約 190 センチメートル，痩せ型，20 歳くらい，上下とも青色の着衣，長髪の男」，「身長約 170 センチメートル，小太り，30 歳くらい，上が白色の着衣，下が黒色の着衣，短髪の男」の 2 名が一緒に歩いているのを発見し，そのうち，身長約 190 センチメートルの男の上下の着衣及び靴に一見して血と分かる赤い液体が付着していることに気付いた。そのため，司法警察員 P らは，これら男 2 名を呼び止めて氏名等の人定事項を確認したところ，身長約 190 センチメートルの男が甲，身長約 170 センチメートルの男が乙であることが判明した。その後，司法警察員 P は，甲及び乙に対し，「なぜ甲の着衣と靴に血が付いているのか。」と質問した。

これに対し，甲は，何も答えなかった。

一方，乙は，司法警察員P及びQに対し，「甲の着衣と靴に血が付いているのは，20分前にH公園でVを殺したからだ。二日前に俺が，甲に対し，報酬を約束してVの殺害を頼んだ。そして，今日の午後10時に俺がVをH公園に誘い出した。その後，俺が『やれ。』と言ってVを殺すように指示すると，甲が包丁でVの胸を2回突き刺してVを殺した。その場から早く逃げようと思い，俺が甲に『逃げるぞ。』と呼び掛けて一緒に逃げた。俺は，甲がVを殺すのを見ていただけだが，俺にも責任があるのは間違いない。」などと述べた。

その後，同日午後10時30分，前記路上において，甲は，司法警察員Pにより，刑事訴訟法第212条第2項に基づき，乙と共謀の上，Vを殺害した事実で逮捕された【逮捕①】。また，その頃，同所において，乙は，司法警察員Qにより，同項に基づき，甲と共謀の上，Vを殺害した事実で逮捕された【逮捕②】。

その直後，乙は，司法警察員P及びQに対し，「今朝，甲に対し，メールでVを殺害することに対する報酬の金額を伝えた。」旨述べ，所持していた携帯電話を取り出し，同日午前9時に甲宛てに送信された「報酬だけど，100万円でどうだ。」と記載されたメールを示した。これを受けて，司法警察員Qは，乙に対し，この携帯電話を任意提出するように求めたところ，乙がこれに応じたため，この携帯電話を領置した。

3． 他方，司法警察員Pは，甲の身体着衣について，前記路上において，逮捕に伴う捜索を実施しようとしたが，甲は暴れ始めた。ちょうどその頃，酒に酔った学生の集団が同所を通り掛かり，司法警察員P及び甲を取り囲んだ。そのため，1台の車が同所を通行できず，停車を余儀なくされた。

そこで，司法警察員Pは，同所における捜索を断念し，まず，甲を300メートル離れたI交番に連れて行き，同交番内において，逮捕に伴う捜索を実施することとした。司法警察員Pは，甲に対し，I交番に向かう旨告げたところ，甲は，おとなしくなり，これに応じた。

その後，司法警察員Pと甲は，I交番に向かって歩いていたところ，同日午後10時40分頃，前記路上から約200メートル離れた地点において，甲がつまずいて転倒した。その拍子に，甲のズボンのポケットから携帯電話が落ちたことから，甲は直ちに立ち上がり，その携帯電話を取ろうとして携帯電話に手を伸ばした。

一方，司法警察員Pも，甲のズボンのポケットから携帯電話が落ちたことに気付き，この携帯電話に乙から送信された前記報酬に関するメールが残っていると思い，この携帯電話を差し押さえる必要があると判断した。そこで，司法警察員Pは，携帯電話を差し押さえるため，携帯電話に手を伸ばしたところ，甲より先に携帯電話をつかむことができ，これを差し押さえた【差押え】。なお，この差押えの際，司法警察員Ｐが携帯電話の記録内容を確認することはなかった。

その後，司法警察員Ｐは，甲をＩ交番まで連れて行き，同所において，差し押さえた携帯電話の記録内容を確認したが，送信及び受信ともメールは存在しなかった。

4．甲及び乙は，同月2日にＨ地方検察庁検察官に送致され，同日中に勾留された。

その後，同月4日までの間，司法警察員Ｐが，差し押さえた甲の携帯電話の解析及び甲の自宅における捜索差押えを実施したところ，乙からの前記報酬に関するメールについては，差し押さえた甲の携帯電話ではなく，甲の自宅において差し押さえたパソコンに送信されていたことが判明した。

また，司法警察員Ｐは，同月5日午後10時，Ｈ公園において，Ｗを立会人とする実況見分を実施した。この実況見分は，Ｗが目撃した犯行状況及びＷが犯行を目撃することが可能であったことを明らかにすることを目的とするものであり，司法警察員Ｐは，必要に応じてＷに説明を求めるとともに，その状況を写真撮影した。

この実況見分において，Ｗは，目撃した犯行状況につき，「このように，犯人の一人が，被害者に対し，右手に持った包丁を胸に突き刺した。」と説明した。司法警察員Ｐは，この説明に基づいて司法警察員2名（犯人役1名，被害者役1名）をＷが指示した甲とＶが立っていた位置に立たせて犯行を再現させ，その状況を約1メートル離れた場所から写真撮影した。そして，後日，司法警察員Ｐは，この写真を貼付して説明内容を記載した別紙1を作成した【別紙1】。

また，Ｗは，同じく実況見分において，犯行を目撃することが可能であったことにつき，「私が犯行を目撃した時に立っていた場所はここです。」と説明してその位置を指示した上で，その位置において「このように，犯行状況については，私が目撃した時に立っていた位置から十分に見ることができます。」と説明した。この説明を受けて司法警察員Ｐは，Ｗが指示した目撃当時Ｗが立っていた位置に立ち，Ｗが指示した甲とＶが立っていた位置において司法警察員2名が犯行を再現している状況を目撃することができるかどうか確認した。その結果，司法警察員Ｐが立っている位置から司法警察員2名が立っている位置までの間に視界を遮る障害物がなく，かつ，再現している司法警察員2名が街灯に照らされていたため，司法警察員Ｐは，司法警察員2名による再現状況を十分に確認することができた。そこで，司法警察員Ｐは，Ｗが指示した目撃当時Ｗが立っていた位置，すなわち，司法警察員2名が立っている位置から約8メートル離れた位置から，司法警察員２名による再現状況を写真撮影した。そして，後日，司法警察員Ｐは，この写真を貼付して説明内容を記載した別紙２を作成した【別紙２】。

司法警察員Ｐは，同月 10 日付けで【別紙１】及び【別紙２】を添付した実況見分調書を作成した【実況見分調書】。

５． 甲及び乙は，勾留期間の延長を経て同月 21 日に殺人罪（甲及び乙の共同正犯）によりＨ地方裁判所に起訴された。なお，本件殺人につき，甲は一貫して黙秘し，乙は一貫して自白していたことなどを踏まえ，検察官Ａは，甲を乙と分離して起訴した。

甲に対する殺人被告事件については，裁判員裁判の対象事件であったことから，Ｈ地方裁判所の決定により，公判前整理手続に付されたところ，同手続の中で，検察官Ａは，【実況見分調書】につき，立証趣旨を「犯行状況及びＷが犯行を目撃することが可能であったこと」として証拠調べの請求をした。これに対し，甲の弁護人Ｂは，これを不同意とした。

〔設問１〕 【逮捕①】及び【逮捕②】並びに【差押え】の適法性について，具体的事実を摘示しつつ論じなさい。

〔設問２〕 【別紙１】及び【別紙２】が添付された【実況見分調書】の証拠能力について論じなさい。

【資　料】

実 況 見 分 調 書

平成 25 年２月 10 日

Ｈ警察署

司法警察員　　　　　Ｐ　　㊞

被疑者甲ほか１名に対する殺人被疑事件につき，本職は，下記のとおり実況見分をした。

記

１　実況見分の日時

平成 25 年２月５日午後 10 時から同日午後 11 時まで

２　実況見分の場所，身体又は物

Ｈ公園

３　実況見分の目的

(1)　Ｗが目撃した犯行状況を明らかにするため

(2)　Ｗが犯行を目撃することが可能であったことを明らかにするため

4　実況見分の立会人
　W
5　実況見分の結果
　別紙1及び別紙2のとおり

以　上

【別紙1】

司法警察員2名が犯行状況を再現した写真
（約1メートル離れた場所から撮影したもの）

立会人（W）は，「このように，犯人の一人が，被害者に対し，右手に持った包丁を胸に突き刺した。」と説明した。

【別紙2】

司法警察員2名が犯行状況を再現した写真
（約8メートル離れた場所［Wが指示した位置］から撮影したもの）

立会人（W）は，「私が犯行を目撃した時に立っていた場所はここです。」と指示し，その位置において「このように，犯行状況については，私が目撃した時に立っていた位置から十分に見ることができます。」と説明した。
本職も，Wが指示した位置から司法警察員２名が犯行を再現している状況を目撃することができるか確認したところ，本職が立っている位置から司法警察員２名が立っている位置までの間に視界を遮る障害物がなく，かつ，再現している司法警察員２名が街灯に照らされていたため，司法警察員２名による再現状況を十分に確認することができた。
そこで，本職は，これらの状況を明らかにするため，Wが指示した位置から司法警察員２名による再現状況を写真撮影した。

【解答例】

第１　設問１について

（省略）

第２　設問２について

本件実況見分調書は、司法警察員Ｐが、目撃者Ｗの立会いの下で行われた実況見分の結果を記載したものであり、Ｐの公判供述に代わる書面（320条１項）として、原則として証拠能力が認められない。

では、伝聞証拠について例外的に証拠能力を認める321条以下の規定により、証拠能力を認める余地がないか（弁護人はこれを不同意としているので、326条によっては証拠能力が認めることができない）。

１．　本件実況見分調書自体

本件実況見分調書は、任意に行われたものではあるが、基本的に司法警察職員が五官の作用を用いて対象の状態等を見分した結果を記載したものであるから、「…検証の結果」ということができ、321条３項により、Ｐが公判で成立の真正を証言すれば、証拠能力を認めることができる。

２．　別紙１

他方、別紙１には、Ｗが話した説明の記載があり、Ｗの目撃状況を再現した写真が貼付されている。これらは、本来Ｗが公判において供述すべき内容を記載しているようにも見ることができるため、この部分について別途伝聞法則が適用され、証拠能力が認められないのではないか。以下、検討する。

(1)　Wの説明部分について

ア　立会人が見分すべき物や場所などを指示するような場合、かかる指示は見分の契機を提供しているに過ぎず、立会人の知覚した記憶を表現するものではないから、独立した供述をなしたものとは言えず、かかる「現場指示」は、実況見分調書の一部を構成するものであって、別途伝聞法則の適否を論じる必要はない。

しかし、立会人の説明がこうした現場指示とは異なり、自己の体験した事実を記憶に基づいて供述したものである場合（現場供述）には、別途当該供述について、伝聞法則を適用するのか否かを検討する必要がある。

イ　これを別紙1について見ると、Wは、「このように、犯人の一人が、被害者に対し、右手に持った包丁を胸に突き刺した」と述べており、まさしく自己が目撃した犯行の様子を記憶に従って表現したものであって、見分の契機を提供する現場指示とは言えず、実況見分の結果とは別個の独立した現場供述であることが明らかである。

そして、検察官は、本件実況見分調書を「犯行状況」を立証するための証拠として証拠請求していることから、別紙1の要証事実は、Wが目撃したという、犯人の1人が被害者Vを殺害した状況であって、Wの上記現場供述は伝聞証拠に該当する。

ウ　では、これに伝聞例外にかかる条項を適用し、証拠能力を認める余地があるか。

別紙1は、Wが警察官にした供述を録取したものであるから、被告人以外の者の供述を録取した書面（321条1項柱書）であって、「前2号に掲げる以外の書面」（同項3号）に該当し、これら条項に掲げる要件を充たせば、証拠能力を認める余地はある。しかし、別紙1にはWの署名・押印がないから、結局、Wの供述部分について、証拠能力を認めることはできない。

(2)　写真について

ア　では、別紙1に添付された写真について、証拠能力が認められないか。

イ　別紙1の写真は、司法警察員2名を撮影したものであるが、単に警察官を撮影したというだけでは立証の意味をなさないから、同写真は、警察官らがWの指示に従って、Wが目撃し、記憶していた犯行の状況を再現し、その再現結果をもって、犯人がVを殺害した状況を証明しようとするものというべきである。そうすると、同写真の再現結果は、Wが知覚し、記憶した内容を表現したものであり、上記要証事実との関係で、再現結果の真実性が問題となるから、写真自体が伝聞証拠に該当し、321条以下の要件を充たさない限り、証拠能力を認めることはできない。

しかし、上記写真にはWの署名・押印がない。一般に、立会人自身による再現状況を撮影した写真については、当該再現行為が立会人自身の表現になるものであることが機械的に記録されることから、表現の正確性が担保されており、署名・押印がなくても、証拠能力を認める余地はある。しかし、本問は、立会人Wの説明を聞いた警察官らがこれを表現したことが撮影されているに過ぎず、写真そのものからは、上記表現がWの説明どおりになされたことは窺い知ることができない。よって、これら写真についてもWの署名・押印が必要と解するべきであり、上記写真についても証拠能力を認めることができない。

3. 別紙2

(1) 別紙1と同様、写真とこれに係るWの説明が記載されている。

(2) 別紙2は、Wが立っていた場所から、Wが目撃したという殺害の場面を実際に見通すことができるかどうかを見分した結果を記載するものであって、検察官はこれにより「Wが犯行を目撃することが可能であったこと」を立証しようとしていることが明らかである。実際、Wの説明も、犯行当時知覚・記憶した事柄を改めて表現したというようなものではなく、地理的な関係から目撃が可能であるか否かを見分するための地点を指示し、見分の契機を示しているものに過ぎず、独立した供述として伝聞法則を適用する余地はない。

(3) 写真も、Wが指示した地点相互の視認の可否を客観的に記録したものであって、Wの記憶を再現したというようなものではない。

(4) よって、別紙2については、実況見分調書の内容をなすものであって、本件実況見分調書に証拠能力が認められる以上、当然に証拠能力が認められる。

以上

【平成27年】〔第2問〕（配点：100）

次の【事例】を読んで，後記〔設問1〕及び〔設問2〕に答えなさい。

【事　例】

1．平成27年2月4日午前10時頃，L県M市内のV（65歳の女性）方に電話がかかり，Vは，電話の相手から，「母さん，俺だよ。先物取引に手を出したら大損をしてしまった。それで，会社の金に手を付けてしまい，それが上司にばれてしまった。今日中にその穴埋めをしないと，警察に通報されて逮捕されてしまう。母さん，助けて。上司と電話を代わるよ。」と言われ，次の電話の相手からは，「息子さんの上司です。息子さんが我が社の金を使い込んでしまいました。金額は500万円です。このままでは警察に通報せざるを得ません。そうなると，息子さんはクビですし，横領罪で逮捕されます。ただ，今日中に穴埋めをしてもらえれば，私の一存で穏便に済ませることができます。息子さんの代わりに500万円を用意していただけますか。私の携帯電話の番号を教えるので，500万円を用意したら，私に電話を下さい。M駅前まで，私の部下を受取に行かせます。」と言われた。Vは，息子とその上司からの電話だと思い込み，電話の相手から求められるまま，500万円を用意してM駅前に持参することにした。

Vは，最寄りの銀行に赴き，窓口で自己名義の預金口座から現金500万円を払い戻そうとしたが，銀行員の通報により駆けつけた司法警察員Pらの説得を受け，直接息子と連絡を取った結果，何者かがVの息子に成り済ましてVから現金をだまし取ろうとしていることが判明した。

2．Pらは，Vを被害者とする詐欺未遂事件として捜査を開始し，犯人を検挙するため，Vには引き続きだまされているふりをしてもらい，犯人をM駅前に誘い出すことにした。

同日午後2時頃，M駅前に甲が現れ，Vから現金を受け取ろうとしたことから，あらかじめ付近に張り込んでいたPらは，甲を，Vに対する詐欺未遂の現行犯人として逮捕した。

3．甲は，「知らない男から，『謝礼を支払うので，自分の代わりに荷物を受け取ってほしい。』と頼まれたことから，これを引き受けたが，詐欺とは知らなかった。」と供述し，詐欺未遂の被疑事実を否認した。

甲は，同月6日，L地方検察庁検察官に送致されて引き続き勾留されたが，その後も同様の供述を続けて被疑事実を否認した。

逮捕時，甲は同人名義の携帯電話機を所持していたことから，その通話記録について捜査した結果，逮捕前に甲が乙と頻繁に通話をし，逮捕後も乙から頻繁に着信があったことが判明した。そこで，Ｐらは，乙が共犯者ではないかと疑い，乙について捜査した結果，乙が，Ｌ県Ｎ市内のＦマンション５階501号室に一人で居住し，仕事はしておらず，最近は外出を控え，周囲を警戒していることが判明したことから，Ｐらは，一層その疑いを強めた。

そこで，Ｐらは，乙方の隣室であるＦマンション502号室が空室であったことから，同月12日，同室を賃借して引渡しを受け，同室にＰらが待機して乙の動静を探ることにした。

４．同月13日，Ｐが，Ｆマンション502号室ベランダに出た際，乙も，乙方ベランダに出て来て，携帯電話で通話を始めた。その声は，仕切り板を隔てたＰにも聞こえたことから，Ｐは，同502号室ベランダにおいて，①ＩＣレコーダを使用して，約３分間にわたり，この乙の会話を録音した。その際，「甲が逮捕されました。どうしますか。」という乙の声がＰにも聞こえ，同レコーダにも録音されたが，電話の相手の声は，Ｐには聞こえず，同レコーダにも録音されていなかった。

このように，乙が本件に関与し，他に共犯者がいることがうかがわれ，乙がこの者と連絡を取っていることから，Ｐらは，同502号室の居室の壁越しに乙方の居室内の音声を聞き取ろうとしたが，壁に耳を当てても音声は聞こえなかった。そこで，Ｐらは，隣室と接する壁の振動を増幅させて音声として聞き取り可能にする機器（以下「本件機器」という。）を使用することにし，本件機器を同502号室の居室の壁の表面に貼り付けると，本件機器を介して乙方の居室内の音声を鮮明に聞き取ることができた。そして，Ｐらは，同月15日，②約10時間にわたり，本件機器を介して乙方の居室内の音声を聞き取りつつ，本件機器に接続したＩＣレコーダにその音声を継続して録音した。しかし，このようにして聴取・録音された内容は，時折，乙が詐欺とはおよそ関係のない話をしているにすぎないものであったことから，これ以後，Ｐらは本件機器を使用しなかった。

５．甲は，司法警察員Ｑによる取調べを受けていたが，前記のとおり，否認を続けていた。Ｑは，同月16日，Ｌ地方検察庁において，検察官Ｒと今後の捜査方針を打ち合わせた際，Ｒから，「この種の詐欺は上位者を処罰しなければ根絶できないが，今のままでは乙を逮捕することもできない。甲が見え透いた虚偽の弁解をやめ，素直に共犯者についても洗いざらいしゃべって自供し，改悛の情を示せば，本件は未遂に終わっていることから，起訴猶予処分にしてやってよい。甲に，そのことをよく分からせ，率直に真相を自供することを勧めるように。」と言われた。そこで，Ｑは，同日，甲を取り調べ，甲に対し，「共犯者は乙ではないのか。検察官は君が見え透いたうそを言っていると思っているが，改悛の情を示せば起訴猶予にしてやると言っているので，共犯者が誰かも含めて正直に話した方が良い。」

と言って自白を促した。これを聞いて，甲は，自己が不起訴処分になることを期待して，Qに対し，「それなら本当のことを話します。詐欺であることは分かっていました。共犯者は乙です。乙から誘われ，昨年12月頃から逮捕されるまで，同じような詐欺を繰り返しやりました。役割は決まっており，乙が相手に電話をかける役であり，私は現金を受け取る役でした。電話の声は，乙の一人二役でした。他に共犯者がいるかどうか，私には分かりません。昨年までは痴漢の示談金名目で100万円を受け取っていましたが，今年になってから，現金を受け取る名目を変えるように乙から指示され，使い込んだ会社の金を穴埋めする名目で500万円を受け取るようになりました。詐欺の拠点は，M市内のGマンション1003号室です。」と供述して自白した。

そこで，Pは，前記甲の自白に基づき，Vに対する詐欺未遂の被疑事実で乙の逮捕状，Gマンション1003号室を捜索場所とする捜索差押許可状の発付を受け，同月18日，乙を通常逮捕し，また，同1003号室の捜索を実施したが，同室は既にもぬけの殻となっており，証拠物を押収することはできなかった。

乙は，同日，逮捕後の取調べにおいて，甲の供述内容を知らされなかったものの，甲が自白したと察して，「甲が自白したのでしょうから話します。私が電話をかけてVをだまし，甲に現金を受け取りに行かせました。しかし，甲が逮捕されてしまったので，Gマンション1003号室から撤退しました。ほとぼりが冷めたら再開するつもりでしたので，詐欺で使った道具は，M市内のHマンション705号室に隠してあります。」と供述した。乙は，同月19日，L地方検察庁検察官に送致されて引き続き勾留された。

6． Pは，前記乙の供述に基づき，Vに対する詐欺未遂の被疑事実でHマンション705号室を捜索場所とする捜索差押許可状の発付を受け，同月19日，同室において，捜索差押えを実施した。

同室からは，架空人名義の携帯電話機，Vの住所・氏名・電話番号が掲載された名簿などのほか，次のような文書1通（以下「本件文書」という。）及びメモ紙1枚（以下「本件メモ」という。）が差し押さえられた。

本件文書の記載内容は，**【資料1】**（［本書151頁］参照）のとおりであり，パソコンで作成されているが，右上の「0XX-XXXX-5678」という記載は手書き文字である。この手書き文字は，V方の電話番号と一致し，また，筆跡鑑定の結果，乙の筆跡であることが判明した。さらに，本件文書からは，丙の指紋が検出された。

本件メモの記載内容は，**【資料2】**（［本書152頁］参照）のとおりであり，全ての記載が手書き文字である。これらの文字は，筆跡鑑定の結果，いずれも乙の筆跡であることが判明した。

7． このように，本件文書から丙の指紋が検出されたほか，乙が逮捕時に所持していた同人名義の携帯電話の通話記録について捜査した結果，Pが同月13日にFマンション502号室のベランダで乙の会話を聴取・録音したのと同じ時刻に，乙が丙に電話をかけていることが判明した。そこで，Pは，これらに基づき，Vに対する詐欺未遂の被疑事実で丙の逮捕状の発付を受け，同月21日，丙を通常逮捕した。

丙は，逮捕後の取調べにおいて，「全く身に覚えがない。」と供述し，同月22日，L地方検察庁検察官に送致されて引き続き勾留されたが，その後も同様の供述を続けて一貫して被疑事実を否認した。

乙は，同月23日，Rによる取調べにおいて，「私は，甲と一緒になってVから現金500万円をだまし取ろうとしました。私が電話をかける役であり，甲が現金を受け取る役でした。昨年12月頃から同じような詐欺を繰り返しやりました。」と供述したものの，丙の関与については，「丙のことは一切話したくありません。」と供述し，本件文書については，「これは，だます方法のマニュアルです。このマニュアルに沿って電話で話して相手をだましていました。右上の手書き文字は，私がVに電話をかけた際に，その電話番号を記載したものです。このマニュアルは，私が作成したものではなく，他の人から渡されたものです。しかし，誰から渡されたかは話したくありません。このマニュアルに丙の指紋が付いていたようですが，丙のことは話したくありません。」と供述し，本件メモについては，「私が書いたものですが，何について書いたものかは話したくありません。」と供述した。そこで，Rは，これらの乙の供述を録取し，末尾に本件文書及び本件メモの各写しを添付して検察官調書1通（以下「本件検察官調書」という。）を作成し，乙の署名・指印を得た。なお，乙は，丙の関与並びに本件文書及び本件メモについて，その後も同様の供述を続けた。

8． Rは，甲については，延長された勾留期間の満了日である同月25日，釈放して起訴猶予処分とし，乙及び丙については，乙の延長された勾留期間の満了日である同年3月10日，両名を，甲，乙及び丙3名の共謀によるVに対する詐欺未遂の公訴事実でL地方裁判所に公判請求し，その後，乙と丙の弁論は分離されることになった。

9． 同年4月17日の丙の第1回公判において，丙は，「身に覚えがありません。」と陳述して公訴事実を否認し，丙の弁護人は，本件検察官調書について，「添付文書を含め，不同意ないし取調べに異議あり。」との証拠意見を述べたことから，Rは，丙と乙との共謀を立証するため，乙の証人尋問を請求するとともに，③本件文書及び本件メモについても証拠調べを請求した。丙の弁護人は，本件文書及び本件メモについて，「不同意ないし取調べに異議あり。」との証拠意見を述べた。

同年5月8日の丙の第2回公判において，乙の証人尋問が実施され，乙は，丙の関与並びに本件文書及び本件メモについて，本件検察官調書の記載と同様の供述をした。

〔**設問1**〕 ①及び②で行われたそれぞれの捜査の適法性について，具体的事実を摘示しつつ論じなさい。

〔**設問2**〕 ③で証拠調べ請求された本件文書及び本件メモのそれぞれの証拠能力について，証拠収集上の問題点を検討し，かつ，想定される具体的な要証事実を検討して論じなさい。

【資料1】

0XX—XXXX—5678

先物取引

息子	〔母さん／父さん〕、俺だよ。 先物取引に手を出したら大損をしてしまった。 それで，会社の金に手を付けてしまい，それが上司にばれてしまった。 今日中にその穴埋めをしないと，警察に通報されて逮捕されてしまう。 上司と電話を代わる。
上司	息子さんの上司です。 息子さんが我が社の金を使い込んでしまいました。 金額は500万円です。 このままでは警察に通報せざるを得ません。 そうなると，息子さんはクビですし，横領罪で逮捕されます。 しかし，今日中に穴埋めをしてもらえれば，私の一存で穏便に済ませることができます。 息子さんの代わりに500万円を用意してもらえますか。 私の携帯電話の番号を教えるので，500万円を用意したら，私に電話をください。 〔　　　　〕まで，私の部下を受け取りに行かせます。

※　受取役は，警察に捕まった場合，「知らない男から，『謝礼を支払うので，自分の代わりに荷物を受け取ってほしい。』と頼まれて引き受けただけで，詐欺とは知らなかった。」と言い張ること。

【資料２】

1／5　丙から tel
チカンの示談金はもうからないのでやめる
先物取引で会社の金を使いこんだことにする
金額は 500 万円
マニュアルは用意する

【解答例】

第１　設問１について

（省略）

第２　設問２について

１．　証拠収集上の問題点

（省略）

２．　具体的な要証事実との関係について

(1)　伝聞法則について

本件文書および本件メモにおいて証拠能力があるかどうかは、伝聞法則の適用（320 条１項）があるかどうかに関わる。

供述証拠は、知覚・記憶・表現・叙述という過程に誤りが入り込むおそれがあるため、反対尋問（憲法 37 条２項前段参照）によってその誤りをテストする必要がある。そこで、反対尋問のテストを経ない供述証拠は原則として証拠能力がない（伝聞法則、320 条１項）。

しかし、これを厳格に貫くと、いたずらに真相解明（１条）が困難になるおそれがある。そこで、真相解明のための証拠としての強い必要がある場合と反対尋問のテストに代わる信用性の情況的保障がある場合には、例外的に伝聞証拠でも許容される（321 条以下）。

もっとも、反対尋問が必要となるのは、供述内容の真実性を要証事実として認定に用いる場合である。そこで、伝聞証拠であるか否かは、要証事実との関連で相対的に決せられる。

以上を前提に、本件文書および本件メモについて検討する。

(2) 本件文書について

本件文書は、右上に手書きの電話番号（被害者の電話番号と一致）の記載があり、「息子」役と「上司」役のセリフおよび逮捕された時の警察への対応が記載されたいわゆる振り込み詐欺のマニュアルであって、丙の指紋が検出されている。

そうすると、詐欺のマニュアルである本件文書の存在それ自体とその文書に丙の指紋が付着している事実から、丙と乙との本件詐欺の共謀を推認することができる。

とすれば、要証事実は、本件文書の存在とそれに丙の指紋が付着している事実となり、本件文書の内容の真実性は問題とならない。

したがって、本件文書は非供述証拠であって、伝聞法則の適用はないため、本件文書の証拠能力は認められる。

(3) 本件メモについて

これに対し、本件メモには、乙の手書きで、丙から電話があったこと、振り込み詐欺の実行行為およびその金額の記載がある。

そうすると、丙から本件メモに記載された内容の指示があったという事実から乙と丙の本件詐欺の共謀を推認することができる。

とすれば、要証事実は、丙から本件メモ記載の内容の指示があった事実となり、本件メモの内容の真実性が問題となる。

したがって、本件メモは伝聞証拠であって、伝聞法則が適用されるので、原則として証拠能力が認められない。

そこで、伝聞例外が認められるか問題となるが、乙は丙との関係では「被告人以外の者」に該当するので、321条1項3号を検討する。

まず、乙は、本件メモについて「話したくありません」と一貫して証言を拒否しているところ、同号の列挙する供述不能事由は例示列挙であるから、かかる証言拒否は供述不能に該当する。

また、本件メモは乙と丙の共謀を立証できる重要な証拠であることから、詐欺罪という「犯罪事実の存否の証明に欠くことができない」といえる。

本件メモは体言止めないし短い文章であることからすれば走り書きで

あり、電話口で聞き取った内容をそのまま記載したと考えられるので、絶対的特信情況の要件も充たす。

したがって、本件メモは321条1項3号の要件を充たすので、証拠能力が認められる。

以上

【平成 28 年】〔第 2 問〕(配点：100)

次の【事例】を読んで，後記〔設問 1〕から〔設問 4〕に答えなさい。

【事　例】

1．司法警察員P及びQは，平成 27 年 7 月 1 日午前 10 時 45 分，「G県H市内の路上に停車中の自動車内に，大声で叫ぶ不審な男がいる。」との住民からの通報を受け，同日午前 10 時 55 分，通報のあった路上にパトカーで臨場したところ，停車中の自動車の運転席に甲を認め（以下，同自動車を「甲車」という。），その後方にパトカーを停車させた。甲は，エンジンの空吹かしを繰り返して発進せず，全開の運転席窓から大声で意味不明な言葉を発していた。Pが甲に対し，「どうしましたか。」と声を掛けると，甲は，「何でもねえよ。」と答えた。Pは，甲から運転免許証の提示を受け，Qに対し，甲の犯歴を照会するよう指示した。

2．甲には，目の焦点が合わず異常な量の汗を流すなど，覚せい剤使用者特有の様子が見られた。また，同日午前 11 時，甲には，覚せい剤取締法違反の有罪判決を受けた前科がある旨の無線連絡があった。そこで，Pは，甲につき，覚せい剤の使用及び所持の疑いを抱いた。

Pは，甲から尿の提出を受ける必要があると考え，Qを甲車助手席側路上に立たせ，自らは甲車運転席側路上に立ち，甲に対し，「違法薬物を使っていないかを確認するので，H警察署で尿を出してください。」と言った。甲は，「行きたくねえ。」と言い，甲車を降りてH警察署とは反対方向に歩き出し，2，3メートル進んだが，Pは，「どこに行くのですか。」と言って甲の前に立ち，進路を塞いだ。すると，甲は，「仕方ねえ。」と言い，甲車運転席に戻った。その直後，Pは，甲の左肘内側に赤色の真新しい注射痕を認めて，覚せい剤使用等の疑いを強め，「その注射痕は何ですか。H警察署で尿を出してください。」と言ったが，甲は，「行きたくねえ。献血の注射痕だ。」と言った。

Pは，H警察署に連絡を取り，応援警察官 4 名を臨場させるよう求め，同 4 名は，同日午前 11 時 15 分に 2 台のパトカーで到着した。Pは，これらのパトカーをPらが乗って来たパトカーの後方に停車させた上，同 4 名をそのままパトカー内で待機させた。甲は，同日午前 11 時 20 分及び午前 11 時 25 分の 2 度にわたり甲車を降りて歩き出し，2，3メートル進んだが，その都度Pは，「どこに行くのですか。H警察署で尿を出してください。」と言って甲の前に立ち，進路を塞いだ。その都度甲は，「警察に行くくらいなら，ここにいる。」と言い，甲車運転席に戻った。その後，甲は，甲車助手席上のバッグからたばこを取り出したが，その際，Pは，同バッグ内に注射器を認めた。そこで，Pが甲に対し，「その注射器は何ですか。見せてください。」と言うと，甲は，「献血に使った注射器だ。見せられない。」と言った。Ｐは，同注射器の存在や甲の不自然な言動から，覚せい剤使用等の疑いを一層強め，甲車の捜索差押許可状及び甲の尿を差し押さえるべき物とする捜索差押許可状を請求することとした。

3．Ｐは，同日午前 11 時 30 分，Ｑに対し，前記各許可状を請求するよう指示し，Ｐらが乗って来たパトカーでＨ警察署に向かわせ，甲に対し，「今から，採尿と車内を捜索する令状を請求する。令状が出るまで，ここで待っていてくれ。」と言ったが，甲は，「嫌だ。」と言った。

Ｐは，応援警察官が乗って来た２台のパトカーを，甲車の前後各１メートルの位置に，甲車を挟むようにして停車させ，甲車が容易に移動できないようにした上，前記応援警察官４名を甲車周囲に立たせ，自らは甲車運転席側路上に立った。その後，甲は，甲車を降りて歩き出し，２，３メートル進んだが，Ｐは，甲の前に立ち，「待ちなさい。」と言って両手を広げて進路を塞ぎ，甲がＰの体に接触すると，足を踏ん張り，それ以上甲が前に進めないように制止した。すると，甲は，「仕方ねえな。」と言いながら甲車運転席に戻った。

甲は，同日午後零時 30 分，甲車運転席で，携帯電話を用いて弁護士Ｒと連絡を取り，「警察に囲まれている。どうしたらいいんだ。」などと，30 分間通話した。甲は，同日午後１時，「弁護士から帰っていいと言われたので，帰るぞ。」と言い，甲車を降りて歩き出し，２，３メートル進んだ。Ｐは，甲の前に立ち，「待ちなさい。」と言って両手を広げて進路を塞ぎ，甲がＰの体に接触すると，足を踏ん張り，それ以上甲が前に進めないように制止し，更に胸部及び腹部を前方に突き出しながら，甲の体を甲車運転席前まで押し戻し，「座っていなさい。」と言った。すると，甲は，「車から降りられねえのか。」と言いながら，甲車運転席に座った。その後，甲は，甲車運転席で電話をかけたりしていたが，同日午後４時，再度，甲車を降りて歩き出し，２，３メートル進んだ。Ｐは，両手を広げて甲の進路を塞ぎ，甲がＰの体に接触すると，胸部及び腹部を前方に突き出しながら，甲の体を甲車運転席前まで押し戻し，「座っていなさい。」と言った。甲は，「帰れねえのか。」と言いながら甲車運転席に座った。

一方，Ｑは，Ｈ警察署で，前記各許可状を請求する準備を行った後，Ｉ簡易裁判所裁判官に対し前記各許可状を請求し，その発付を受け，同日午後４時 30 分，甲車が止まっていた前記場所に到着した。なお，この間，交通渋滞のため，通常より１時間多くの時間を要した。Ｐは，Ｑからすぐに前記各許可状を受け取り，甲立会の下，甲車の捜索を開始した。

4．Ｐは，前記注射器１本を押収するとともに，甲車助手席上のバッグ内からビニール袋に入った約0.2グラムの覚せい剤1袋を発見して押収し，甲を覚せい剤所持の被疑事実で現行犯逮捕した。甲は，H警察署において，任意に尿を提出し，後日，覚せい剤の成分が検出された。また，改めて行った前科照会の結果，甲には，平成25年4月，覚せい剤取締法違反（使用及び所持）により，懲役1年6月（3年間執行猶予）の有罪判決を受けた前科があることが分かった。

5． 甲は，逮捕後の弁解録取手続において，「バッグ内の覚せい剤は，誰かが勝手に入れたものだ。」と弁解して被疑事実を否認した。甲は，平成27年7月3日午前9時30分，I地方検察庁検察官に送致され，検察官Sは，同日午前9時45分から弁解録取手続を開始した。甲はまだ弁護士とは接見しておらず，甲の弁護人選任届も提出されていなかった。弁護士Tは，同日午前9時50分，Sに電話し，甲を取調室に残して別室で応対したSに対し，「私は，甲の妻から依頼を受け，甲の弁護人になろうと考えている。今日の午前10時30分から，H警察署で，甲と接見したい。」と言った。Sは，弁解録取手続終了まで更に約30分を要し，I地方検察庁からH警察署まで自動車で約30分を要することから，Tに，「今，弁解録取の手続中です。接見は，午前11時からにしていただきたい。」と伝えた（①）。Tは，「仕方ないですね。しかし，午前11時には，必ず接見させてください。」と言った。

Sによる弁解録取手続において，甲は，前記同様の弁解をして否認し，同手続は，同日午前10時20分に終了したが，その直後，甲は，「実は，お話ししたいことがあります。ただ，今度有罪判決を受けたら刑務所行きですよね。」と言った。Sは，甲が自白しようか迷っていると察し，この機会に自白を得たいと考えた。そこで，同日午前10時25分，Sは，甲を取調室に残し，別室で，Tに電話をかけ，Tに，「これから取調べを行うことにしました。午後零時には取調べを終えますので，接見は，午後零時30分以降に変更していただきたい。」と伝えた（②）。Tは，「予定どおり接見したい。」と主張して譲らなかったが，Sは，電話を切って取調室に戻り，取調べを開始した。その取調べにおいて，甲は，「平成27年6月28日，知り合いの乙方で，乙から覚せい剤2袋を2万円で買い，1袋分を注射器で使用し，残りを持っていた。」旨，覚せい剤所持の事実のほか，その入手状況及び覚せい剤使用の事実についても自白し，甲の自白調書が作成された。取調中，Tは，当初の予定どおり接見できるよう求めてSに電話をかけたが，Sは，電話に出なかった。甲は，同年7月3日午後零時30分，H警察署に戻り，Tは，すぐに甲と接見した。

Sは，その後，必要な捜査を遂げ，甲を覚せい剤取締法違反（使用及び所持）によりI地方裁判所に公判請求した。

6．Pは，前記甲供述等に基づき，甲に対する覚せい剤譲渡の被疑事実で，乙を通常逮捕した。乙は，「甲に風邪薬をあげたことはあるが，覚せい剤など見たこともない。甲に覚せい剤を売ったとされる平成27年6月28日，私は，終日，外出していて自宅にはいなかった。」旨弁解して被疑事実を否認した。乙は，I地方検察庁検察官に送致され，Sは，必要な捜査を遂げ，乙を「平成27年6月28日，G県H市〇町〇番の乙方で，甲に覚せい剤約0.4グラムを代金2万円で譲り渡した。」との公訴事実により，I地方裁判所に公判請求した。

7．乙に対する覚せい剤取締法違反被告事件は，事件の争点及び証拠を整理する必要があるとして，公判前整理手続に付された。乙及びその弁護人Uは，同手続において，当初，前記弁解と同様の主張をしたが，裁判所から，「アリバイ主張について可能な限り具体的に明らかにされたい。」との求釈明を受け，「平成27年6月28日は，終日，丙方にいた。その場所は，J県内であるが，それ以外覚えていない。『丙』が本名かは分からない。丙方で何をしていたかは覚えていない。」旨釈明した。その結果，本件争点については，「(1)平成27年6月28日に，乙方において，乙が甲に覚せい剤を譲り渡したか。(2)その際，乙に，覚せい剤であるとの認識があったか。」と整理され，甲の証人尋問及び被告人質問等が実施されることが決まった。

8．第1回公判期日において，乙及びUは，公訴事実を否認し，公判前整理手続でしたのと同様の主張をした。

また，同期日に実施された甲の証人尋問において，甲は，**【資料】**（［本書159頁］参照）のとおり証言した。

9．第2回公判期日に実施された被告人質問において，乙は，Uの質問に対し，「平成27年6月28日は，J県M市△町△番の戊方にいました。」と供述した。Uからの「丙方ではなく，戊方にいたのですか。」との質問に対し，乙は，「前回の公判期日後，戊から手紙が届き，丙方ではなく，戊方でテレビを見ていたことを思い出しました。」と供述した。そこで，Uは，乙に対し，「あなたが当日戊方にいたことに関し，これから詳しく聞いていきます。まず，戊方で見ていたテレビ番組は何ですか。」と質問した（④）。これに対し，Sは，「弁護人の質問は，公判前整理手続において主張されていない事実に関するものであり，制限されるべきである。」と述べて異議を申し立てた。

〔設問1〕 **【事例】**中の2及び3に記載されている司法警察員Pらが甲を留め置いた措置の適法性について，具体的事実を摘示しつつ論じなさい。

〔設問2〕 検察官Sによる下線部①及び②の各措置の適法性について，具体的事実を摘示しつつ論じなさい。

〔設問3〕 **【資料】**に記載されている下線部③の証言の証拠能力について，想定される要証事実を検討して論じなさい。

〔設問4〕 被告人乙が戊方にいたことを前提とする弁護人Uの下線部④の質問及びこれに対する乙の供述を，刑事訴訟法第295条第1項により制限することができるか。公判前整理手続の経過及び結果並びに乙が公判期日で供述しようとした内容を考慮しつつ論じなさい。

（参照条文） 覚せい剤取締法

第19条 左の各号に掲げる場合の外は，何人も，覚せい剤を使用してはならない。

（以下略）

第41条の2 覚せい剤を，みだりに，所持し，譲り渡し，又は譲り受けた者（略）は，10年以下の懲役に処する。

（以下略）

第41条の3 次の各号の一に該当する者は，10年以下の懲役に処する。

一 第19条（使用の禁止）の規定に違反した者

（以下略）

【資 料】

検察官：あなたが平成27年7月1日に所持していた覚せい剤は，どのように入手したものですか。

甲　　：平成27年6月28日に，知り合いの乙から，乙の自宅で，2万円で買いました。

検察官：どのようないきさつで，乙から覚せい剤を買うことになったのですか。

甲　　：乙から，電話で，「いい薬があるけど，買わないか。」と言われたからです。「いい薬」と言われ，覚せい剤だとピンときました。それで乙の自宅に行ったのです。

検察官：あなたが覚せい剤を買ったとき，乙は，何と言っていましたか。

甲　　：乙は，覚せい剤だとは言っていませんでした。しかし，乙は，私にビニール袋に入った覚せい剤を2袋渡して，<u>「帰るときは，K通りから帰るなよ。あそこは警察がよく検問をしているから，遠回りでもL通りから帰れよ。お前が捕まったら，俺も刑務所行きだから気を付けろよ。」（③）</u>と言いました。

弁護人：異議があります。ただ今の甲の証言は，伝聞証拠です。

（以下略）

【解答例】

第1　設問1について

（省略）

第2　設問2について

（省略）

第3　設問3について

1．　規定される要証事実について

（省略）

2．　下線部③の証言の証拠能力について

(1)　下線部③の甲の証言には、乙の供述が含まれる。

そのため、これが伝聞証拠に当たるとすれば、原則として証拠能力が否定される（320条1項）ため、下線部③の証言が伝聞証拠に当たるかが問題となる。

(2)　伝聞証拠の証拠能力を原則として否定する伝聞法則の趣旨は、供述証拠は、知覚・記憶・表現・叙述の過程を経て公判に顕出されるところ、その各過程に誤りが介入しやすいにもかかわらず、原供述者に対する反対尋問を経ていないから、伝聞証拠の証拠能力を無条件に認めたのでは、被告人に認められた反対尋問権（憲法37条2項前段参照）が意味のないものになってしまう点にある。

そうであるとすれば、特定の証言が伝聞証拠に当たるか否かは、原供述者に対する反対尋問の保障の必要の有無、つまり、要証事実との関係で、原供述者自身に反対尋問をさせることが必要か否かによって決せられるというべきである。

(3)　乙は、甲に対する覚せい剤譲渡の被疑事実につき、「甲に風邪薬をあげたことはあるが、覚せい剤など見たこともない」などとして、甲に渡したものが覚せい剤ではなく、風邪薬であると否認していることから、乙の公判における甲の下線部③の証言の要証事実は、乙が甲に渡したものが、警察が検問している際に持っていた場合には、甲が捕まり、それを渡した乙も刑務所に行かなければならないような違法なものであることを示す発言をしたことそれ自体である。

(4)　発言それ自体を要証事実とする場合には、発言内容の真実性を原供述者である乙に対する反対尋問によって吟味する必要はなく、証言者である甲に対する反対尋問によって発言時の乙の発言態度を吟味すれば足りる。

　したがって、下線部③の証言は、伝聞証拠に当たらないから、証拠能力が認められる。

第4　設問4について

（省略）

以上

【平成29年】〔第2問〕（配点：100）

次の【事例】を読んで，後記〔設問1〕及び〔設問2〕に答えなさい。

【事　例】

1．平成28年9月1日に覚せい剤取締法違反（所持）により逮捕されたAは，同月4日，司法警察員Pの取調べにおいて，「所持していた覚せい剤は，逮捕される3日前の夜，H県I市J町の路上で，甲から買ったものである。」旨供述した。Pが甲について捜査したところ，甲は，覚せい剤取締法違反の前科3犯を有する者であり，現在，H県I市J町○丁目△番地所在のKマンション101号室（以下「甲方」という。）を賃借し，居住していることが判明した。また，A以外にも，その頃，覚せい剤取締法違反（所持）で逮捕された複数の者が，覚せい剤を甲から買った旨供述していることも判明した。そこで，Pが，司法警察員Qらに，甲方への人の出入り及び甲の行動を確認させたところ，甲方には，甲とその内妻乙が居住しているほか，丙が頻繁に出入りしていること，甲が，Kマンション周辺の路上で，複数の氏名不詳者に茶封筒を交付し，これと引換えに現金を受領するという行為を繰り返していることが判明した。

これらの事情から，Pは，甲が自宅を拠点に覚せい剤を密売しているとの疑いを強め，覚せい剤密売の全容を解明するためには甲方の捜索差押えを実施する必要があると考えた。Pは，同月15日，H地方裁判所裁判官に対し，甲に対する覚せい剤取締法違反（Aに対する営利目的の譲渡）の被疑事実で甲方の捜索差押許可状の発付を請求した。H地方裁判所裁判官は，同日，捜索すべき場所を「甲方」とし，差し押さえるべき物を「本件に関連する覚せい剤，電子秤，茶封筒，ビニール袋，注射器，手帳，ノート，メモ，通帳，携帯電話機」とする捜索差押許可状を発付した。

Pは，Qから，甲が玄関のドアチェーンを掛けたまま郵便配達員に応対していたとの報告を受け，甲方の捜索の際，呼び鈴を鳴らしてドアを開けさせることができたとしても，ドアチェーンが掛かったままの可能性が高く，その場合，玄関から室内に入るのに時間が掛かり，甲らが証拠隠滅を図るおそれが高いと考えた。そこで，これに備えて，Qらが，甲方ベランダの外にあらかじめ待機し，Pの合図でベランダの柵を乗り越えて掃き出し窓のガラスを割って甲方に入ることとした。

2．Pは，同月17日，甲方を捜索することとし，同日午後1時頃，QらをKマンション1階甲方ベランダの外に待機させた上，甲方玄関先の呼び鈴を鳴らした。すると，甲がドアチェーンを掛けたままドアを開けたので，Pは，直ちにQに合図を送った。<u>①Pから合図を受けたQらは，ベランダの柵を乗り越え，掃き出し</u>

窓のガラスを割って解錠し，甲方に入った。居間には，乙が右手にハンドバッグを持った状態で，また，丙がズボンの右ポケットに右手を入れた状態で，それぞれ立っていた。その間に，Ｐは，携行していたクリッパーでドアチェーンを切断して玄関から甲方に入った。Ｐは，居間において，甲に捜索差押許可状を示した上，Ｑらと共に，甲方を捜索し，居間のテーブル付近において，電子秤１台，ビニール袋100枚，茶封筒50枚，注射器80本及び携帯電話機５台を発見し，これらを差し押さえた。

Ｐらによる捜索中，居間に立っていた乙が，ハンドバッグを右手に持ったまま玄関に向かって歩き出した。それを見たＰが，乙に対し，「待ちなさい。持っているバッグの中を見せなさい。」と言ったところ，乙は，「私のものなのに，なぜ見せないといけないんですか。嫌です。」と述べてこれを拒否し，そのまま玄関に向かった。そこで，②Ｐは，「ちょっと待て。」と言いながら乙の持っていたハンドバッグをつかんでこれを取り上げ，その中身を捜索した。その結果，Ｐは，同ハンドバッグ内から，多数の氏名・電話番号が記載された手帳１冊及び甲名義の通帳１通を発見し，これらを差し押さえた。

他方，丙は，ズボンの右ポケットに入れていた右手を抜いたが，右ポケットが膨らんだままであったほか，時折，ズボンの上から右ポケットに触れるなど，右ポケットを気にする素振りや，落ち着きなく室内を歩き回るなどの様子が見られた。そこで，Ｑは，丙に，「ズボンの右ポケットに何が入っているんだ。」と尋ねたが，丙は答えなかった。その後，丙は，右手を再び右ポケットに入れてトイレに向かって歩き出した。これに気付いたＱは，丙に，「待ちなさい。右ポケットには何が入っている。トイレに行く前に，ポケットに入っているものを出して見せなさい。」と言って呼び止めた。これに対し，丙は，黙ったままＱの脇を通り抜けてそのままトイレに入ろうとした。そこで，③Ｑは，丙の右腕をつかんで引っ張り，右ポケットから丙の右手を引き抜いたが，丙が右手に何も持っていなかったことから，更に丙のズボンの右ポケットに手を差し入れ，そこから５枚の紙片を取り出した。Ｑがその紙片を確認したところ，各紙片に，覚せい剤を売却した日，相手方，量及び代金額と思われる記載があったことから，これらを差し押さえた。

その後，Ｐらは，押し入れ内から，ビニール袋に入った覚せい剤１袋（100グラム）を発見し，同日午後３時頃，甲，乙及び丙を覚せい剤取締法違反（営利目的の共同所持）で現行犯逮捕した上，逮捕に伴う差押えとして，同覚せい剤を差し押さえた。

3． 甲ら３名は，同月19日，覚せい剤取締法違反（営利目的の共同所持）の被疑事実によりＨ地方検察庁検察官に送致され，同日，勾留された。

甲ら3名は，取調べにおいて，いずれも被疑事実を認めた上で，平成27年11月頃から覚せい剤の密売を開始し，役割を分担しながら，携帯電話で注文を受けて覚せい剤を密売していたことなどを供述した。また，通帳等の記載から，甲ら3名の覚せい剤密売による売上金の5割相当額が甲名義の預金口座から丁名義の預金口座に送金されていることが判明した。甲は，当初，丁の覚せい剤密売への関与を否定したが，その後，丁の関与を認めるに至り，丁に対する前記送金は覚せい剤の売上金の分配であると供述した。乙は，丁の関与を一貫して否定し，丙は，丁のことは知らないと供述した。以上の過程で，**【資料】**（［本書166頁］参照）記載の〔証拠1〕ないし〔証拠4〕が作成された。

検察官Rは，延長された勾留の満了日である平成28年10月8日，甲ら3名を覚せい剤取締法違反（営利目的の共同所持）により，H地方裁判所に公判請求した。

4． Pは，甲の供述等に基づき，同月19日，丁を覚せい剤取締法違反（甲ら3名との営利目的の共同所持）で通常逮捕した。丁は，「甲，乙のことは知っているが，丙のことは知らない。覚せい剤を甲らと共同で所持したことはない。甲は，毎週，私名義の預金口座に現金を送金してくれているが，その理由は分からない。昔，甲が，私の所有する自動車を運転中に事故を起こしたことがあり，その弁償として送金してくれているのではないか。」と供述し，事件への関与を否認した。

丁は，同月21日，覚せい剤取締法違反（甲ら3名との営利目的の共同所持）の被疑事実によりH地方検察庁検察官に送致され，同日，勾留された。

丁は，その後も否認を続けたが，Rは，捜査の結果，延長された勾留の満了日である同年11月9日，丁について，甲ら3名と共謀の上，営利の目的で，覚せい剤100グラムを所持したとの事実で，H地方裁判所に公判請求した。

Rは，丁の弁護人Sに対し，〔証拠3〕を含む検察官請求証拠を開示するとともに，甲の証人尋問が予想されたことから，〔証拠1〕，〔証拠2〕及び〔証拠4〕を含む，甲及び乙の供述録取書等を任意開示した。

5． 丁に対する覚せい剤取締法違反被告事件の第1回公判期日において，丁は，「身に覚えがない。甲が覚せい剤の密売をしていたかどうかも知らない。」と陳述して公訴事実を否認し，Sは，検察官請求証拠のうち，〔証拠3〕について不同意との証拠意見を述べた。そこで，Rは，丁と甲らとの共謀を立証するため，甲の証人尋問を請求し，H地方裁判所は，第2回公判期日においてこれを実施する旨の決定をした。

第2回公判期日において，甲の証人尋問が実施され，甲は，「私は，以前，覚せい剤取締法違反により懲役2年の実刑判決を受け，平成27年6月に刑務所を出所した。すると，丁が刑務所に迎えに来てくれて，『しばらくはのんびり生活したらいい。』と言って50万円をくれた。同年8月頃，丁から，『何もしていないんだったら手伝わないか。』と言われ，覚せい剤の密売を手伝うようになった。同年10月下旬，丁から，『覚せい剤を仕入れてやるから，自分たちで売ってこい。俺の取り分は売上金の5割でいい。あとは自由に使っていい。』と言われたので，同年11月頃から，内妻の乙や知人の丙と一緒に覚せい剤を密売し，毎週，売上金の5割を丁名義の口座に振り込み，私が3割，乙及び丙が1割ずつ受け取っていた。丁からは，1か月に1回の頻度で，密売用に覚せい剤100グラムを受け取っていた。」旨供述した（以下「甲証言」という。）。

第3回公判期日において，④Sは，甲証言の証明力を争うため，〔証拠1〕，〔証拠2〕及び〔証拠4〕の各取調べを請求した。

〔設問1〕 下線部①ないし③の捜査の適法性について，具体的事実を摘示しつつ論じなさい。

〔設問2〕

1．裁判所は，下線部④で請求された各証拠について，これらを証拠として取り調べる旨の決定をすることができるか否かを論じなさい。

2．仮に，前記1において，裁判所が甲証言の証明力を争うための証拠として取り調べた証拠があったとする。その場合，Rが「甲証言の証明力を回復するためである。」として，改めて〔証拠3〕の取調べを請求したとき，裁判所は，これを証拠として取り調べる旨の決定をすることができるか否かを論じなさい。

（参照条文）　覚せい剤取締法

第41条の2　覚せい剤を，みだりに，所持し，譲り渡し，又は譲り受けた者（略）は，10年以下の懲役に処する。

2　営利の目的で前項の罪を犯した者は，1年以上の有期懲役に処し，又は情状により1年以上の有期懲役及び500万円以下の罰金に処する。

3　（略）

【資　料】

	供述者	作成日付 (平成 28 年)	証拠方法 作成者	供述要旨等
証拠 1		9 月 21 日	捜査報告書 P	本職が、本日、被疑者甲から聴取した供述の要旨は以下のとおりである。 「密売グループの構成員は、私、乙、丙の 3 名である。私が密売グループのトップであり、乙、丙に密売の手伝いをさせていた。丁は私の知り合いだが、覚せい剤の密売には関与していない。」 〔甲の署名・押印なし。〕
証拠 2	甲	9 月 22 日	供述録取書 P	私が覚せい剤の密売に関与するようになったのは、平成 27 年になってからである。密売用の覚せい剤は、私が知り合いの暴力団組員から定期的に仕入れていた。その知り合いの組員は丁ではない。 丁名義の預金口座に現金を送金したのは、借金の返済のためであり、覚せい剤の密売による売上金を分配したものではない。 〔甲の署名・押印あり。〕
証拠 3	甲	10 月 5 日	供述録取書 R	私は、平成 27 年 8 月頃、丁から、覚せい剤の密売を手伝うように言われた。その後、丁の指示で、同年 11 月頃から、乙、丙と共に覚せい剤の密売を開始した。密売グループのトップは丁であり、丁から 1 か月に 1 回の頻度で覚せい剤 100 グラムを受領し、これを 1 グ

				ラムずつ小分けして密売していた。丁の指示で、毎週、売上金の5割を私名義の預金口座から丁名義の預金口座に送金し、私が3割、乙及び丙が1割ずつ受け取っていた。 　警察では、私が密売グループのトップであり、丁は関係がないと供述したが、これは嘘である。嘘をついた理由は、丁が密売グループのトップだと正直に話したら、丁から報復を受けると思い、怖かったからだ。しかし、ここで正直に話さないと、出所後、また丁の下で覚せい剤の密売をすることになると思い、勇気を出して正直に供述することにした。 〔甲の署名・押印あり。〕
証拠4	乙	9月27日	供述録取書Q	密売グループの構成員は、私、甲及び丙の3名だけであり、丁は関係ない。丁名義の預金口座への送金は、甲の丁に対する借金の返済である。 〔乙の署名・押印あり。〕

【解答例】

第1　設問1について

　（省略）

第2　設問2について

1．　小問1について

(1)　下線部④で請求された各証拠は、「公判期日における供述に代［わる］書面」（320条1項）であるものの、「甲証言の証明力を争うため」、すなわち弾劾証拠として証拠調べが請求されている。そのため、裁判所は、上記各証拠が328条にいう証明力を争うための「証拠」に当たるとして取調べを決定することができるか否かを検討する。

ア　まず、証拠1および2は、甲の公判供述と矛盾するため、甲自身の自己矛盾供述に当たるのに対し、証拠4は、甲自身の自己矛盾供述に当たらない。そこで、328条により許容される「証拠」は、信用性が争われる公判供述をした者自身の自己矛盾供述に限られるのかが問題となる。

この点について、自己矛盾供述ではなく、別人の不一致供述であっても、「証拠」に当たるとも考えられる。しかし、これでは、訴追側があらゆる伝聞証拠を弾劾証拠として提出することによって、裁判官は証拠能力のない伝聞証拠で事実上心証を形成してしまいかねず、伝聞証拠の証拠能力を厳格に規制した320条1項（伝聞法則）の趣旨を没却することになる。

328条の趣旨は、公判期日における供述が、別の機会にしたその者の供述と矛盾する場合に、矛盾する供述をしたこと自体の立証を許すことにより、公判期日におけるその者の供述の信用性の減殺を図ることを許容する点に求められる。そうであれば、328条により許容される「証拠」は、自己矛盾供述に限られると解すべきである。

イ　もっとも、公判供述をした者が別の機会に公判供述と矛盾する供述をした事実を立証する方法については、自己矛盾供述が存在することについて確かな根拠がないにもかかわらず、公判供述の証明力を減殺するための証拠は許容されるべきではない。そこで、公判供述をした者が別の機会に公判供述と矛盾する供述をした事実を立証するためには、法が定める厳格な証明を要すると考える。

(2)　以上を前提として、各証拠について検討する。

ア　証拠1について

証拠1における甲の供述は、「丁は私の知り合いだが、覚せい剤の密売には関与していない」というものであって、「丁から、『何もしていないんだったら手伝わないか。』と言われ、覚せい剤の密売を行うようになった」という甲の公判供述の内容とは矛盾するものであるから、甲の自己矛盾供述に当たる。

しかしながら、証拠1の捜査報告書は、甲の供述を録取した書面、すなわち二重の伝聞過程を含んだ書面であるところ、同書面には〔甲の署名・押印なし〕というのであるから、「供述者の署名若しくは押印」を要求する321条1項柱書の規定に反する証拠である。そうすると、証拠1は、法の定める厳格な証明による立証によるものとはいえないから、328条により許容される「証拠」に当たらない。

よって、裁判所は、証拠1を証拠として取り調べる旨の決定をすることができない。

イ　証拠2について

証拠2における甲の供述は、「密売用の覚せい剤は、私が知り合いの暴力団組員から定期的に仕入れていた。その知り合いの組員は丁ではない」というものであって、丁から密売を誘われた旨の甲の公判供述の内容と矛盾するものであるから、甲の自己矛盾供述に当たる。

しかも、証拠2の供述録取書は、証拠1と異なり、〔甲の署名・押印あり〕というのであるから、「供述者の署名若しくは押印」を要求する321条1項柱書に反しない。そうすると、証拠2は、法の定める厳格な証明による立証によるものといえるから、328条により許容される「証拠」にあたる。

よって、裁判所は、証拠2を証拠として取り調べる旨の決定をすることができる。

ウ　証拠4について

証拠4における供述は、「私、甲及び丙の3名だけであり、丁は関係ない」というものであって、丁から密売を誘われた旨の甲の公判供述の内容と矛盾するものである。

しかし、証拠4は、乙の供述を録取した書面であるから、証拠1および2と異なり、甲の自己矛盾供述を内容とするものではない。そうであれば、たとえ〔乙の署名・押印あり〕であっても、そもそも328条により許容される「証拠」には当たらない。

よって、裁判所は、証拠4を証拠として取り調べる旨の決定をすることができない。

2．　小問2について

(1)　Rは、前記小問1において、328条による許容される「証拠」により一度弾劾された「甲証言の証明力を回復するため」に改めて証拠3の証拠調べを請求している。そのため、このようないったん弱められた証明力を増強する証拠すなわち回復証拠が328条にいう「証明力を争う」証拠に含まれるかが問題となる。

ア　この点について、「争う」という文言は、ある事実を否定するだけでなく、否定された事実に対し反論を加えるということまでも含むと考えるのが自然である。また、回復証拠は、いったん弾劾されたが、自己側にまた一致した供述があるという事実を示すことによって、公判証言の証明力が回復するに過ぎず、伝聞証拠ではない。

　したがって、回復証拠は、328条にいう「証明力を争う」証拠に含まれると解する。

イ　そうすると、証拠3は、甲の公判供述がいったん弾劾された場合において、その公判供述と同内容の供述が存在すること自体を証明して証明力を増強しているに過ぎない回復証拠であるから、328条にいう「証明力を争う」証拠に含まれる。

(2)　よって、裁判所は、これを証拠として取り調べる旨の決定をすることができる。

以上

【平成30年】〔第2問〕（配点：100）

次の【事例】を読んで，後記〔設問1〕及び〔設問2〕に答えなさい。

【事　例】

1． 平成30年1月10日午前10時頃，A工務店の者と名乗る男が，H県I市J町のV方を訪問し，V（70歳，女性）に対し，無料でV方の修繕箇所の有無を点検する旨申し向け，Vの了解を得て，V方を点検した。その男は，実際には特段修繕を要する箇所などなかったにもかかわらず，Vに対し，「屋根裏に耐震金具は付いていますが，耐震金具に不具合があって，このまま放っておくと，地震が来たら屋根が潰れてしまいます。すぐに工事をしないと大変なことになります。代金は100万円です。お金を用意できるのであれば，今日工事をすることも可能です。」などと嘘を言ってVをだまし，V方の屋根裏の修繕工事を代金100万円で請け負った。その男は，Vから，「昼過ぎであれば100万円を用意できるので，今日工事をしてほしい。」と言われたため，同日午後1時頃，再度，V方を訪問し，Vから工事代金として現金100万円を受領し，領収書（以下「本件領収書」という。）をVに交付した。その後，その男は，V方の修繕工事を実施したかのように見せ掛けるため，形だけの作業を行った上で，Vに対し，工事が終了した旨告げて立ち去った。

本件領収書の記載内容は**【資料1】**（［本書174頁］参照）のとおりであり，㊞の部分にA工務店の代表者として甲の名字が刻された認め印が押されているほかは，全てプリンターで印字されたものであった。

2． Vは，同日午後7時頃，Vの長男WがV方を訪問した際に前記工事の話をしたことを契機に，詐欺の被害に遭ったことに気付き，Wから，犯人が言った内容を記載しておいた方がよいと言われたため，その場で，メモ用紙にその内容を記載した（以下「本件メモ」という。）。

本件メモの記載内容は**【資料2】**（［本書174頁］参照）のとおりであり，全ての記載がVによる手書き文字であった。

翌11日，V及びWは，警察署に相談に訪れた。Vは，司法警察員Pに対し，本件領収書及び本件メモを提出した上で，「100万円の詐欺の被害に遭いました。犯人から言われた内容は，被害当日にメモに書きました。犯人は中肉中背の男でしたが，顔はよく覚えていません。ただ，犯人が，『A工務店』と書かれたステッカーが貼られた赤色の工具箱を持っていたことは覚えています。ステッカーは，直径5センチメートルくらいの小さな円形のもので，工具箱の側面に貼られていました。」と説明した。Wは，Pに対し，「提出したメモは，昨夜，母が，私の目の前で記載したものです。そのメモに書かれていることは，母が私に話した内容と同じです。」と説明した。

3．Ｐらが所要の捜査を行ったところ，本件領収書に記載された住所には，実際にＡ工務店の事務所（以下「本件事務所」という。）が存在することが判明した。

本件事務所は，前面が公道に面した平屋建ての建物で，玄関ドアから外に出るとすぐに公道となっていた。また，同事務所の前面の腰高窓にはブラインドカーテンが下ろされており，両隣には建物が接しているため，公道からは同事務所内を見ることができなかった。

Ｐらは，同月15日午前10時頃，本件事務所付近の公道上に止めた車両内から同事務所の玄関先の様子を見ていたところ，同事務所の玄関ドアの鍵を開けて中に入っていく中肉中背の男を目撃した。その男が甲又はＡ工務店の従業員である可能性があると考え，①Ｐは，同日午前11時頃，その男が同事務所から出てきた際に，同車内に設置していたビデオカメラでその様子を撮影した。Ｐが撮影した映像は全体で約20秒間のものであり，男が同事務所の玄関ドアに向かって立ち，ドアの鍵を掛けた後，振り返って歩き出す姿が，容ぼうも含めて映っているものであった。

Ｐがその映像をＶに見せたところ，Ｖは，「この映像の男は，犯人に似ているような気がしますが，同一人物かどうかは自信がありません。」と述べた。

その後の捜査の結果，Ａ工務店の代表者が甲という氏名であること及び前記映像に映っている男が甲であることが判明した。

Ｐらは，引き続き本件事務所を１週間にわたって監視したが，甲の出入りは何度か確認できたものの，他の者の出入りはなかったため，Ａ工務店には甲のほかに従業員はいないものと判断して監視を終えた。

Ｐらは，その監視の最終日，甲が赤色の工具箱を持って本件事務所に入っていくのを目撃した。Ｐらは，同工具箱に「Ａ工務店」と書かれたステッカーが貼られていることが確認できれば，甲が犯人であることの有力な証拠になると考えたが，ステッカーが小さく，甲が持ち歩いている状態ではステッカーの有無を確認することが困難であった。そこで，Ｐらは，同事務所内に置かれた状態の工具箱を確認できないかと考えた。しかし，公道からは同事務所内の様子を見ることができなかったので，玄関上部にある採光用の小窓から内部を見ることができないかと考え，向かい側のマンションの管理人に断った上で同マンション２階通路に上がったところ，同小窓を通して同事務所内を見通すことができ，同事務所内の机上に赤色の工具箱が置かれているのが見えた。そして，Ｐが望遠レンズ付きのビデオカメラで同工具箱を見たところ，同工具箱の側面に，「Ａ工務店」と記載された小さな円形のステッカーが貼られているのが見えたことから，②Pは，同ビデオカメラで，同工具箱を約5秒間にわたって撮影した。Pが撮影したこの映像には，同事務所内の机上に工具箱が置かれている様子が映っているのみで，甲の姿は映っていなかった。

Pがその映像をVに見せたところ，Vは，「犯人が持っていた工具箱は，この映像に映っている工具箱に間違いありません。」と述べた。

その後，Pは，Vの供述調書を作成するためにVの取調べを実施しようとしたが，その直前にVが脳梗塞で倒れたため，Vの取調べを実施することはできなかった。Vの担当医師は，Vの容体について，「今後，Vの意識が回復する見込みはないし，仮に意識が回復したとしても，記憶障害が残り，Vの取調べをすることは不可能である。」との意見を述べたため，Pは，Vの供述調書の作成を断念した。

4． Pらは，同年2月19日，甲を前記1記載の事実に係る詐欺罪で通常逮捕するとともに，本件事務所等の捜索を実施し，甲の名字が刻された認め印等を押収した。そして，甲は，同月21日，検察官に送致され，引き続き勾留された。

甲は，検察官Qによる取調べにおいて，「V方に行ったことはありません。」と述べて犯行を否認した。

その後，捜査を遂げた結果，本件領収書から検出された指紋が，逮捕後に採取した甲の指紋と合致するとともに，本件領収書の印影と前記認め印の印影が合致したことなどから，Qは，同年3月12日，甲を前記詐欺の事実で公判請求した。

5． 甲は，同年4月23日に行われた第1回公判期日において，前同様の弁解を述べて犯行を否認した。

Qは，本件領収書の印影と前記認め印の印影が合致する旨の鑑定書，本件領収書から検出された指紋と甲の指紋が合致する旨の捜査報告書，Vから本件メモ及び本件領収書の任意提出を受けた旨の任意提出書等のほか，③本件メモ及び④本件領収書の取調べを請求した。Qは，本件メモの立証趣旨については，「甲が，平成30年1月10日，Vに対し，本件メモに記載された内容の文言を申し向けたこと」，本件領収書の立証趣旨については，「甲が平成30年1月10日にVから屋根裏工事代金として100万円を受け取ったこと」であると述べた。

弁護人は，前記鑑定書，前記捜査報告書及び前記任意提出書等については同意したが，本件メモについては不同意，本件領収書については不同意かつ取調べに異議があるとの証拠意見を述べた。その後，Wの証人尋問が実施され，Wは，前記2のWがPに対して行った説明と同旨の証言をした。

〔設問１〕　下線部①及び②の各捜査の適法性について，具体的事実を摘示しつつ論じなさい。

〔設問２〕

1．　下線部③の本件メモの証拠能力について，立証趣旨を踏まえ，具体的事実を摘示しつつ論じなさい。

2．　下線部④の本件領収書の証拠能力について，立証趣旨を踏まえ，立証上の使用方法を複数想定し，具体的事実を摘示しつつ論じなさい。ただし，本件領収書の作成者が甲であり，本件領収書が甲からＶに交付されたものであることは，証拠上認定できるものとする。

【資料１】

領収書

V　　様　　　　　　　　　　平成 30 年 1 月 10 日

¥　1,000,000（税込）

但　屋根裏工事代金として

上記正に領収いたしました　　〒　○○○-○○○

H 県 I 市 K 町 1-2-3

TEL ○○○-○○○-○○○○

A 工務店　代表　　甲　㊞

【資料２】

1／10

(今日午前 10 時，A 工務店と名乗る男性が訪問してきた。そのとき言われたこと。)

屋根裏に耐震金具は付いているが，耐震金具に不具合がある。

地震が来たら，屋根が潰れる。すぐに工事しないと大変なことになる。

工事代金は 100 万円。

お金が用意できるのであれば，今日工事をすることも可能。

【解答例】

第1　設問1について

（省略）

第2　設問2について

1.　小問1について

(1)　伝聞証拠該当性

ア　本件メモは、Vが犯人（甲）から申し向けられた内容をメモ用紙に記載したものであって、Vの「公判期日における供述に代［わる］書面」を証拠とするものである。

これが伝聞証拠に当たるとすれば、原則として証拠能力が否定される（320条1項、伝聞法則）ため、本件メモが伝聞証拠に当たるかが問題となる。

イ　伝聞法則の趣旨は、供述証拠が知覚・記憶・表現・叙述の過程を経て公判に顕出されるところ、その各過程に誤りが介入しやすいことから、原供述者に対する反対尋問（憲法37条2項前段参照）により供述内容の真実性を担保しようとする点にある。

そうであるとすれば、「公判期日における供述に代［わる］書面」が伝聞証拠に当たるか否かは、要証事実との関係で、原供述者に対する反対尋問の必要があるか否か、具体的には、原供述を構成する事実の真実性が問題となるかどうかで判断すべきである（真実性が問題となる場合は、原供述者に対する反対尋問の必要があるから、伝聞証拠に当たる）。

ウ　本件メモの立証趣旨は、「甲が、平成30年1月10日、Vに対し、本件メモに記載された内容の文言を申し向けたこと」である。

かかる立証趣旨から導かれる本件メモの要証事実は、甲がVに対し本件メモに記載された欺罔文言を申し向けたこと（欺罔行為の存在）といえる。

つまりは、本件メモは、要証事実との関係において、そこに記載された文言が本当に甲からVに申し向けられたかどうかという原供述を構成する事実の真実性が問題となるから、当該供述内容の真実性を担保するためには、Vに対する反対尋問の必要がある。

エ　したがって、本件メモは、伝聞証拠に当たり、原則として証拠能力が否定される（320条1項）。

⑵　伝聞例外

ア　もっとも、本件メモは、「被告人以外の者」であるVが作成した「供述書」であるから、321条1項3号が規定する要件を充たせば、例外的に証拠能力が認められる（伝聞例外）。

イ　Vは、本件メモの作成後、脳梗塞で倒れてしまい、Vの担当医師によれば、今後Vの意識が回復する見込みはないし、仮に意識を回復したとしても、記憶障害が残り、取調べをすることは不可能なのであるから、一時的ではなく、継続的な「精神若しくは身体の故障」により「供述することができ」ないといえる。

ウ　また、本件メモに記載された甲の欺罔文言は、V方という外部から閉ざされた空間でVに対してだけ申し向けられたものであり、第三者の目撃証言や録音・録画等は想定できず、当該文言を直接申し向けられたVの供述によるほか立証困難であるから、「犯罪事実の存否の証明に欠くことができないもの」ともいえる。

エ　そして、本件メモは、未だVの記憶が鮮明な欺罔文言を申し向けられた当日に作成されたものであること、詐欺の被害に遭ったことに気づいたVが、長男Wの勧めに応じて作成したものであり、作成経過に捜査機関からの誘導等が介在していないこと、全てをV自ら手書きで記載しており、V以外の者の意思が介在する余地もなかったこと、甲から申し向けられた文言のみを淡々と記載したものであって、余事を含まないことからすれば、記載内容の信用性を担保するに足りる外部的情況の下で作成されたことが推認されるから、「その供述が特に信用すべき情況の下にされた」（いわゆる絶対的特信情況がある）ともいえる。

オ　したがって、321条1項3号の要件を充たし、例外的に証拠能力が認められる。

2．　小問2について

⑴　本件領収書の立証趣旨は、「甲が平成30年1月10日にVから屋根裏工事代金として100万円を受け取ったこと」とされており、かかる立証趣旨を踏まえて想定される立証上の使用方法としては、これを①伝聞証拠として用いる場合と、②非伝聞（証拠）として用いる場合とが想定される。以下2つの場合に分けて証拠能力を検討する。

⑵　①　伝聞証拠として用いる場合

本件領収書を、その記載内容である「甲が平成30年1月10日にVから屋根裏工事代金として100万円を受け取った」という事実の立証に用いる場合には、原供述をなす事実の真実性が問題となるから、伝聞証拠として原則的に証拠能力が否定される（320条1項）。

もっとも、本件領収書は、「被告人」甲が作成した「供述書」であるから、322条1項の要件を充たせば、例外的に証拠能力が認められる。

そうであるところ、甲は、「V方に行ったことはありません」と述べて犯行を否認しているのであるから、当該否認の態度に反して、甲がVから屋根裏工事代金として100万円を受領したことを認める内容の本件領収書は、「その供述が被告人に不利益な事実の承認を内容とするもの」といえる（同項本文前段）。

また、本件領収書は、甲が作成者であることが証拠上認定できるのであるから、「任意にされたものでない疑があると認めるとき」には該当しない（同項ただし書）。

したがって、322条1項の要件を充たすものとして、例外的に証拠能力が認められる。

(3)　②　非伝聞（証拠）として用いる場合

本件領収書については、証拠上認定できる本件領収書を甲が作成し、自らVに交付したという事実と併せると、本件領収書の記載内容の真実性を問題としなくとも、そのような領収書が存在するという事実自体から、前記立証趣旨である「甲が平成30年1月10日にVから屋根裏工事代金として100万円を受け取った」という事実が推認できる。

そうすると、本件領収書それ自体を証拠物として用いることによっても、立証趣旨に沿った立証が可能である。

この場合、記載内容の真実性は問題とならないから、伝聞証拠には該当せず、証拠物として関連性も認められるので、証拠能力が認められる。

以上

【令和３年】〔第２問〕（配点：100）

次の【事例】を読んで，後記〔設問１〕及び〔設問２〕に答えなさい。

【事　例】

１． 令和２年８月４日午前９時30分，Ｈ県Ｉ市内の一戸建て家屋に住む女性Ｖ（当時77歳）の自宅に電話が掛かってきた。電話を掛けてきた男は，Ｓ銀行の職員を装い，Ｖに対し，「Ｖさんの預金口座が犯罪組織に利用されており，このままでは預金が全て引き出されてしまいます。本人確認が必要ですので，これから私が質問する内容に正確にお答えください。」と言った。Ｖは，Ｓ銀行Ｉ支店に多額の預金をしていたこともあって，電話の相手をＳ銀行の職員であると信じ，尋ねられるままに，住所がＨ県Ｉ市Ｋ町３丁目45番地，生年月日が昭和18年４月10日，夫と死別し，一人暮らしで，一人息子は他県に住んでいること，Ｓ銀行Ｉ支店に約2000万円の預金があり，台所の食器棚にいわゆるタンス預金として現金500万円があることを話した。電話の相手は，Ｖに対し，「午前中に私どもの職員がお宅に伺います。」と伝え，電話を切った。

その２時間後，Ｓ銀行の職員を装った１名の男がＶ方を訪れ，Ｖによって玄関ドアの鍵が開けられると同時にＶ方内に押し入り，いきなりＶの顔面に催涙スプレーを吹き付けた。そして，同男は，持っていたロープでＶの身体を後ろ手に緊縛し，さらに，持っていたガムテープで，Ｖの鼻を塞がないようにしてその口を塞いだ上，台所の食器棚から現金500万円を取り出してこれを強奪した。その後，同男は，ロープでＶの両足を縛り，逃走した（以上の事件を，以下「本件住居侵入強盗」という。）。

２． その30分後，たまたまＶ方を訪れたＶの息子が，ロープで緊縛されて倒れているＶを発見し，直ちにＶを助けるとともに，110番通報をした。

その後，Ｈ県警察は，事件当時Ｖ方周辺に駐車されていた不審車両に関する情報を基に，犯行の際に使用されたレンタカーを割り出し，同車を借りたのが甲であることを突き止めた。

Ｈ県警察司法警察員Ｐらは，甲方の捜索差押許可状の発付を受けた上で，同許可状に基づき，令和２年８月５日午前９時から，Ｈ県Ｍ市内にある一人暮らしの甲方の捜索を実施し，引き続き，甲をＨ県Ｍ警察署に任意同行した。そして，Ｐらが本件住居侵入強盗について甲から事情を聴くと，甲は，「Ｖさん方に押し入り，Ｖさんを縛り上げて500万円を奪ったのは私です。」と述べた。そこで，Ｐは，その旨を録取した供述調書１通を作成した。

また，甲は，「私は，乙の指示で今回の強盗を行い，500万円は乙に全額手渡しました。私たちは，H県I市内のAビル21号室をアジトとしており，そこには私と乙だけが出入りし，そこから乙が強盗のターゲットになる相手に携帯電話で電話を掛けていました。昨日は，午前10時30分，乙に呼び出されてそのアジトに行きました。そして，乙から，Vさんに関する情報や犯行に使う道具などについて印字された紙を見せられ，その説明を受けました。その後，私はVさんの家に向かったのです。」「アジトには，パソコンとプリンターのほか，強盗のターゲットになる人の氏名と電話番号の入った名簿データが保存されているUSBメモリがあります。その名簿には，Vさんの氏名と電話番号もあるのではないかと思います。このUSBメモリは，パスワードが掛けられていて，一度でも間違えると初期化されてしまいます。パスワードは8桁の数字で，乙しか知りません。また，乙の背後には，警察と敵対し，捜査に一切協力しない指定暴力団である丙組がいて，乙は，その幹部に，犯行で得た金の一部を貢いでいます。」と供述したものの，「私が乙や丙組のことを警察に話したと分かると，私の身が危ないので，調書の作成には応じられません。」と述べたことから，以上の供述についての供述調書は作成されなかった。

3．同月5日午後1時，Pらは，甲を，乙及び氏名不詳者と共謀の上，本件住居侵入強盗に及んだ旨の被疑事実で通常逮捕するとともに，裁判官に対し，同被疑事実で，乙名義で借りていることが判明した前記Aビル21号室の捜索差押許可状の発付を請求した。裁判官は，「捜索すべき場所」を「H県I市N町2丁目3番4号Aビル21号室」とし，「差し押さえるべき物」を「被害品と認められる現金，本件に関係ありと思料される名簿，マニュアル，メモ，名刺，パーソナルコンピュータ及びその付属機器類，電磁的記録媒体，携帯電話機及び付属の充電器」とする捜索差押許可状を発付した。

Pらは，同許可状に基づき，同日午後4時，同室に居合わせた乙立会の下，同室の捜索を開始し，まず，パーソナルコンピュータ及びプリンターを差し押さえるとともに，①丙組の幹部丁の名刺1枚（「丙組若頭丁」と印刷されたもの）を差し押さえた。続いて，Pらは，**【資料1】**（［本書182頁］参照）のとおり印字されたメモ（以下「本件メモ1」という。）を発見したことから，これを差し押さえた。さらに，Pらは，白色USBメモリ1本及び黒色USBメモリ1本を発見した。これを見た乙は，Pらに対し，「USBメモリの中身を調べずに全部持って行くのですか。パスワードは全部『2222』にしていますから，この場で確認してください。」と申し出たが，Pらは，②前記USBメモリ合計2本について，いずれもその内容をその場で確認することなく差し押さえた。

なお，同室から，携帯電話機は1台も発見されなかった。

4．Pらは，前記捜索を終えると，乙にH県M警察署への任意同行を求め，これに応じた乙は，同日午後7時30分，同署において，甲及び氏名不詳者と共謀の上，本件住居侵入強盗に及んだ旨の被疑事実で通常逮捕された。

5．翌6日，Pらは，差し押さえた前記USBメモリ2本につき，H県警察本部の専門職員の協力を得てその内容の確認作業をした。

すると，前記黒色USBメモリには8桁のパスワードによるロックが掛かっており，一致しないパスワードが入力されると直ちに初期化されてしまう設定がされていることが判明した。そして，同USBメモリのロックを解除すると，Vの氏名と電話番号を含む，多数の者の氏名と電話番号が記載された名簿データや，本件メモ1の記載内容と同一内容のデータが保存されていることが明らかになった。また，同データに対する捜査の結果，本件メモ1が作成されたのが同月4日午前10時20分であったことも明らかになった。

一方，前記白色USBメモリについては未使用であることが判明し，また，差し押さえた前記パーソナルコンピュータ及びプリンターにも本件住居侵入強盗に関するデータが残存していないことが判明したため，Pらは，同月6日中にこれらを乙に還付した。

6．甲は，逮捕後一貫して自己が本件住居侵入強盗を実行したことは認めたが，乙及び丙組の関与をうかがわせる事項は一切供述せず，本件メモ1についても供述を拒んだ。

他方，乙は，逮捕後一貫して黙秘した。

その後，H地方検察庁検察官Qは，甲及び乙について，両名共謀の上，本件住居侵入強盗に及んだ旨の公訴事実で公訴を提起したが，裁判所は，公訴事実に対する認否の見込みを踏まえ，併合審理することなく，それぞれ個別に審理することとした。

7．甲は，自己の公判で，自己が本件住居侵入強盗を実行したことは認めたが，乙及び丙組の関与をうかがわせる事項は一切供述せず，本件メモ1についても全く供述しなかった。

8．他方，乙は，自己の公判において，「全く身に覚えがない。甲と住居侵入や強盗の共謀をしたことも一切ない。」旨述べて公訴事実を否認した。

その後の証拠調べ手続において，③Qが，甲乙間において本件住居侵入強盗に関する共謀が存在することを立証するため，本件メモ1の証拠調べ請求をしたところ，乙の弁護人は，「不同意ないし取調べに異議あり。」との証拠意見を述べた。

その後，甲の証人尋問が実施され，甲は，自己が本件住居侵入強盗を実行したことについては証言したが，本件メモ1の記載事項を含め，乙との共謀に関する事項については，一切の証言を拒絶した。

〔**設問1**〕　下線部①及び②の各差押えの適法性について，具体的事実を摘示しつつ論じなさい。

〔**設問2**〕

1．　下線部③で証拠調べ請求された本件メモ1の証拠能力について，具体的事実を摘示しつつ論じなさい。ただし，本件メモ1が乙作成のものであることは証拠上認定できるものとする。

2．　仮に，本件メモ1及びその記載と同一内容のデータのいずれもが発見されず，他方で，甲方の前記捜索時に，**【資料2】**（［本書182頁］参照）記載のとおりの手書きのメモ（以下「本件メモ2」という。）が，机の施錠された引き出し内にあった甲使用の手帳の令和2年8月4日のページの部分に挟んである状態で発見され，差し押さえられたものとする。また，甲は，捜査段階及び自己の公判を通じて，本件メモ2について全く供述しなかったものとする。

乙の公判の証拠調べ手続において，④Qが，甲乙間において本件住居侵入強盗に関する共謀が存在することを立証するため，本件メモ2の証拠調べ請求をしたところ，乙の弁護人は，「不同意ないし取調べに異議あり。」との証拠意見を述べた。その後，甲の証人尋問が，甲と乙との間及び甲と傍聴人との間の双方に遮へい措置を講じて実施された。甲は，自己が本件住居侵入強盗を実行したことについては証言したが，本件メモ2の記載事項及びその作成経緯を含め，乙との共謀に関する事項については，「私は，誰から何と言われようと証言しませんし，今後も絶対に証言することはありません。」と述べ，一切の証言を拒絶した。

下線部④で証拠調べ請求された本件メモ2の証拠能力について，具体的事実を摘示しつつ論じなさい。ただし，本件メモ2が甲作成のものであることは証拠上認定できるものとする。

【資料1】

V　　　　　　　　　　　　K町3—45
S18.　4．10
夫と死別　　　一人暮らし　　　息子は県外
S銀行　2000万
タンス預金500万　　台所の食器棚

催涙スプレー　ロープ　ガムテープ

後ろ手

【資料2】

乙から指示されたこと

V　　　K町3—45
家に一人
よきん2000万
タンス500万　台所しょっきだな

さいるいスプレー　ロープ　ガムテープ
後ろ手
口だけ　ハナ×
両あし

【解答例】

第1　設問1について
　　（省略）
第2　設問2について

1．　小問1について

乙の弁護人は、Qから証拠調べ請求された本件メモ1について、「不同意ないし取調べに異議あり」との証拠意見を述べているから、本件メモ1が「公判期日における供述に代［わる］書面」として証拠能力が否定されることになるのではないか（320条1項）。伝聞証拠の意義及び非伝聞との区別基準が問題となる。

(1)　伝聞法則の根拠は、人の供述には知覚・記憶・表現・叙述という過程において誤りを生じるおそれがあるため、公判廷において宣誓の上、一定の制裁の下、反対尋問（憲法37条2項前段参照）を経ない限り、供述の真偽を吟味することができず、事実認定を誤る類型的おそれがあるからである。そうだとすれば、伝聞証拠にあたるか否かは、反対尋問により供述内容の真偽の吟味を必要とするか否かによることになり、要証事実との関係で供述内容の真実性が問題となる場合に限られる。

そこで、伝聞証拠とは、公判廷外の供述を内容とする証拠であって、要証事実との関係で供述内容の真実性を立証するためのものをいうと解すべきである。

(2)　これを本問についてみると、本件メモ1には、本件住居侵入強盗の被害者Vの氏名、住所、生年月日という個人を特定する情報、「夫と死別」、「一人暮らし」、「息子は県外」というVの生活環境のほか、「タンス預金500万　台所の食器棚」という預金の金額、保管方法・場所が具体的に記載された上、「催涙スプレー」、「ロープ」、「ガムテープ」、「後ろ手」という犯行に使用された道具や犯行態様と一致する記載があるものの、甲乙間における本件住居侵入強盗に関するやり取りをうかがうことができる記載はない。そうだとすれば、これらの各記載内の真実性を立証したとしても、甲乙間における本件住居侵入強盗に関する共謀という要証事実の認定上直接の意味をもつものではない。

他方で、本件メモ1には、前述のように預金の金額、保管方法・場所や犯行に使用された道具・犯行態様などの客観的な犯罪と一致している記載があるところ、これは経験則上偶然の一致とは考えにくい事項である。また、本件メモ1の記載内容と同一内容のデータに対する捜査の結果、本件メモ1が作成されたのが令和2年8月4日午前10時20分であったことが判明しているところ、これは本件住居侵入強盗が現に発生した同日午前11時30分以前に作成されたといえるから、そこから直ちに本件住居侵入強盗が本件メモ1に記載された犯行計画にのっとって遂行されたことを推認することができる。さらに、このような一致が認められる本件メモ1の作成者については、実行犯である甲が、乙からVに関する情報や犯行に使用された道具などについて印字された紙を見せられ、その説明を受けたと供述しているから、乙と判明したといえる。そうだとすれば、作成者たる乙と実行犯である甲との間で本件メモ1の記載された内容の共謀の存在を推認することができる。

したがって、本件メモ1の要証事実は、本件メモ1の存在とその内容であって、供述の内容の真実性を立証するためのものとはいえない。

(3) よって、本件メモ1は、伝聞証拠にあたらず、証拠能力が認められる。

2．小問2について

(1) 乙の弁護人は、Qから証拠調べ請求された本件メモ2について、「不同意ないし取調べに異議あり。」との証拠意見を述べているから、「公判期日における供述に代［わる］書面」として証拠能力が認められることになるのではないか。小問1で用いた基準により判断する。

ア 本件メモ2には、「乙から指示されたこと」の記載のほか、本件住居侵入強盗の被害者Vの氏名、「K町3―45」という住所など個人を特定する情報、「タンス500万」「台所しょっきだな」などの預金の金額、保管方法・場所、「さいるいスプレー」、「ロープ」、「ガムテープ」、「後ろ手」「口だけ」「ハナ×」「両あし」という犯行に使用された道具や犯行態様と一致する記載がある。そうだとすると、本件メモ2は、乙から本件住居侵入強盗を指示された旨の甲の供述内容を甲が自ら記載した書面であるといえるから、甲乙間における本件住居侵入強盗に関する共謀という要証事実との関係で、その供述内容の真実性が問題となる場合にあたる。

イ したがって、本件メモ2は、伝聞証拠にあたる。

(2) そうだとしても、本件メモ2は、甲が、自己の供述を記載した書面であり、乙との関係では、「被告人以外の者が作成した供述書」に該当する。そこで、321条1項3号によって例外的に証拠能力が認められないか。①「公判準備又は公判期日において供述することができず」(供述不能)、②「その供述が犯罪事実の存否の証明に欠くことができない」(不可欠性)及び③「特に信用すべき情況」(絶対的特信情況)の各要件が問題となる。

ア まず、甲は、乙との共謀に関する事項について証言を一切拒絶しているので、このような証言拒絶が①供述不能にあたるかが問題となる。

同号が列挙する供述不能要件を限定列挙と解すべき理由はなく、公判廷外の供述を証拠として用いる必要性が高い場合の例示列挙と解すべきである。そこで、証人が証言を拒絶した場合であって、その証言拒絶の決意が固く、期日を改めたり、尋問方法を配慮したりしたとしても、翻意して証言する見通しが少ないときには、供述不能にあたると解する。

これを本問についてみると、自己の犯罪については素直に認めて供述している甲が、乙や丙組の関与についての供述調書の作成に応じないのは、「自分の身が危ない」からである。しかも、甲には、供述により強い精神的不安等が生じる負担を軽減するため、公判廷において遮へい措置（157条の5）が採られ、できるだけ供述をできるような外形的な状況を作出しているにもかかわらず、一切の証言を拒絶している。そうだとすれば、甲には証言拒絶の決意が固く、およそ翻意して証言する見通しが少ないといえる。したがって、①供述不能にあたる。

イ　次に、②不可欠性とは、その書面に記載された供述を証拠とすると否とによって事実認定に著しい差異を生じさせる可能性があるものをいうと解する。

これを本問についてみると、甲は、前述したように、乙の関与（共謀）についての供述調書の作成に応じないばかりか、乙の関与をうかがわせる事項は一切供述していないし、公判廷においても公訴事実を否認している。また、乙も、一貫して黙秘している。そうだとすれば、本件メモ２以外には、甲乙間における本件住居侵入強盗に関する共謀が存在したことを推認させる証拠は見当たらない。そうすると、本件メモ２は、その書面に記載された供述を証拠とすると否とによって事実認定に著しい差異を生じさせる可能性があるといえる。したがって、②不可欠性の要件をみたす。

ウ　最後に、③絶対的特信情況の要件をみたすか、判断基準が問題となる。

絶対的特信情況は、証拠能力の要件であるから、その判断は供述の外部的付随事情を基準とし、外部的付随事情を推知させる資料として、副次的に供述内容を参酌することは許されると解する。

これを本問についてみると、本件メモ２は、甲方の捜索時に、机の施錠された引き出し内にあった甲使用の手帳の令和２年８月４日のページの部分に挟んである状態で発見されているところ、これは甲が逮捕される以前から自らの意思で作成していたものとしか考えられず、反対に甲以外の第三者が触れる可能性も考えられないし、さらに、本件メモ２が犯行当日のページに挟まっていることからすれば、高度の信用性が認められる情況で作成されたといえる。しかも、本件メモ２の内容を参酌しても、前述のように、実際に本件住居侵入強盗の犯行に使用された道具や犯行態様と一致するから、「乙から指示されたこと」という点にのみ虚偽の事実を記載する何らの理由や動機はなく、作成時の状況としては真実が記載されているといえる。したがって、③絶対的特信情況の要件もみたす。

(3)　よって、本件メモ２は、321条１項３号によって例外的に証拠能力が認められる。

以上

事項索引

編著者・執筆者紹介

【編著者】
工藤　昇（くどう・のぼる）
弁護士（45 期・神奈川県弁護士会・横浜ユーリス法律事務所）
早稲田大学法学部卒、早稲田大学法学研究科（大学院）修了

【執筆者】（五十音順）
飯田信也（いいだ・しんや）
弁護士（新 62 期・神奈川県弁護士会・ブラントン法律事務所）
中央大学法学部法律学科卒、中央大学法科大学院卒
近藤俊之（こんどう・としゆき）
弁護士（54 期・神奈川県弁護士会・横浜山手法律事務所）
慶應義塾大学法学部政治学科卒
鈴木大樹（すずき・ひろき）
弁護士（67 期・神奈川県弁護士会・森法律事務所）
慶應義塾大学総合政策学部卒、横浜国立大学法科大学院卒
成田信生（なりた・のぶお）
弁護士（57 期・神奈川県弁護士会・森法律事務所）
早稲田大学法学部卒
渡部俊太（わたなべ・しゅんた）
弁護士（新 62 期・神奈川県弁護士会・ブラントン法律事務所）
中央大学法学部法律学科卒、中央大学法科大学院卒

〔編著者〕
工藤　昇　弁護士

〔執筆者〕
飯田信也　弁護士
近藤俊之　弁護士
鈴木大樹　弁護士
成田信生　弁護士
渡部俊太　弁護士

事例でわかる 伝聞法則〔第2版〕

2019（令和元）年7月15日　初　版1刷発行
2023（令和5）年6月15日　第2版1刷発行
2024（令和6）年6月15日　　同　2刷発行

編著者　工　藤　　昇
発行者　鯉　渕　友　南
発行所　株式会社　弘　文　堂　101-0062　東京都千代田区神田駿河台1の7
TEL 03(3294)4801　　振替 00120-6-53909
https://www.koubundou.co.jp

装　丁　笠 井 亞 子
印　刷　三報社印刷
製　本　井上製本所

ISBN978-4-335-35944-6